資質・能力を育てる
通信簿の文例
＆言葉かけ集

小学校中学年

石田恒好
山中ともえ

［編著］

図書文化

まえがき

　学習指導要領が新しくなり指導要録も改められました。新指導要録では，観点別評価の観点の数が三つに整理されたり，学校における働き方改革の一環として記述の簡素化がはかられるなど，いくつかの変更点が見られます。

　評価の基準である指導要録が改められると，その趣旨に沿って通信簿を改める作業が全国各地の学校で進められます。そして，一新された通信簿を作成し，記入して児童に渡すことになります。

　通信簿を作成，記入するときに多くの教師が口にするのは，「新指導要録の趣旨に沿って児童ごとに書き分けるのは大変です。優秀な先輩の記入例を見たいです」であり，渡すにあたっては，「すべての児童に適切な言葉をかけてあげたいです。参考になる本が欲しいです」という声です。

　こうした声に応えるために，本書の前身を刊行したのは1992年です。「この本のおかげで通信簿の記入がうまくいっています」「すべての児童に適切な言葉かけができます」と感謝の言葉が多く寄せられています。

　児童も保護者も，所見など文章で書かれているところは，必ず，しかも真剣に読むものです。それだけに，その書き方によって絶大な信頼を得ることもあれば，逆にまったく信頼を失う契機になることもあります。そこで，通信簿の機能を十分発揮でき，しかも児童からも保護者からも信頼されるように記入するための手順，留意点，児童の実態に即した記入文例などをわかりやすく示しました。また，通信簿の仕上げとなる渡すときの言葉かけについても指導要録の改訂に沿って改めました。通信簿を渡すときだけでなく日常の言葉かけとしても活用いただきたいです。

　なお，本書の編集にあたっては，「子どものよさを伸ばす」という基本姿勢を一貫させたつもりです。それが新しい評価観であるというより，通信簿本来のねらいであると信ずるからです。通信簿の記入や言葉かけにおいて，本書が先生方のお役に立つことを心から願っています。

2019年4月

編者

目次

資質・能力を育てる
通信簿の文例&言葉かけ集

小学校中学年

第1部 解説編

- 通信簿記入までの手順 ……… 9
- ３年生の通信簿 ……… 10
- ４年生の通信簿 ……… 11
- 所見文のチェックポイント ……… 12
- チェックポイントに基づくNG文例・表現例 ……… 13
- 課題を指摘する際の留意点 ……… 15
- 課題を指摘する所見文の書き方 ……… 16
- 長所発見の視点表 ……… 20
- 所見で使える表現一覧 ……… 24

第2部 文例編

- 本書（2019年版）の特徴 ……… 28

第1章 学習の所見文例

- 所見記入時の留意点 ……… 29
- 学習全体
  - ●学習成果 ……… 30
  - ●学習への取組み方 ……… 46
  - ●観点別にみた学力の特徴 ……… 70
  - ●学習習慣・家庭環境・その他 ……… 84

教科学習
- 評価の観点と文例の分類について ……… 95
- 国語 … 96　●社会 … 98　●算数 … 100　●理科 … 102
- 音楽 … 104　●図画工作 … 105　●体育 … 106

外国語活動
- 所見記入時の留意点 ……… 107
- 所見文例 ……… 108

総合的な学習の時間
- 所見記入時の留意点 ……… 111
- 所見文例 ……… 112

特別の教科　道徳
- 所見記入時の留意点 ……… 119
- 所見文例 ……… 121

第2章　行動・特別活動の所見文例

所見記入時の留意点 ……… 123
行動
- 基本的な生活習慣 ……… 124
- 健康・体力の向上 ……… 128
- 自主・自律 ……… 132
- 責任感 ……… 136
- 創意工夫 ……… 140
- 思いやり・協力 ……… 144
- 生命尊重・自然愛護 ……… 148
- 勤労・奉仕 ……… 151
- 公正・公平 ……… 154
- 公共心・公徳心 ……… 157
- その他 ……… 160

特別活動
- ●学級活動 ……… 164
- ●児童会活動 ……… 166
- ●クラブ活動 ……… 167
- ●学校行事 ……… 168

第3章 特別な配慮を必要とする子どもの所見文例

所見記入時の留意点 ……… 171
- ●学習面の困難がある ……… 172
- ●行動面の困難がある ……… 178
- ●対人面の困難がある ……… 181
- ●通級指導や個別指導などを受けている ……… 184

第4章 子どもの状況別言葉かけ集

言葉かけの心得 ……… 185
言葉かけの基本 ……… 186
- ●学習の様子から ……… 187
- ●行動の様子から ……… 192

所見文例索引 ……… 195

第1部 解説編

● 通信簿記入までの手順

①子どもごとに，記入する内容を整理して，準備します
　　一覧表や，ノート，ファイルなどに記入し準備します。大切な個人情報ですから，学校の規則に従って保管します。

②記入を始める前に，机の上を片付け，必要なものをそろえます
　　筆記用具，ゴム印，定規，更紙，辞書など，必要なものをそろえてから始めます。そのつど立って気を散らさないで，集中するためです。

③机の上，使用するものをよくふき，手を洗います
　　通信簿を汚さないための事前準備として行います。受け取った通信簿が汚れていては，保護者も子どももがっかりします。先生と通信簿への信頼が失われかねません。

④共通なものはゴム印を押します
　　学校長氏名，担任者氏名など共通なものはゴム印を押しますが，インクの濃度やむらに気を付けます。押印後は汚れを防ぐために，更紙をはさみます。

⑤心をこめて，丁寧に記入します
　　保護者も子どもも，真剣に受け止めます。教師はこれにこたえて，心をこめて真剣に，文字は丁寧に記入しなければなりません。

⑥記入にあたっては，辞書を座右に置きます
　　誤字，誤用があっては，保護者も子どももがっかりし，信頼を失いかねません。自信がない場合は，辞書で調べてから記入します。

⑦一覧表からの記入は，定規を当てて，ずれを防ぎます
　　データを個人ごとにまとめていれば問題はありませんが，一覧表の場合は，ずれてほかの子どものものを書くことがあります。定規を使って防ぎます。

⑧記入が終わったら点検します
　　完璧にできたと思ってもうっかりミスはあります。必ず点検します。

⑨校長・教頭・教務主任の先生方に点検してもらいます
　　公的な文書のため，万全を期す必要があります。誤りがあれば修正し，押印してでき上がったものは，個人情報として金庫などで保管します。

● 3年生の通信簿

　担任も学級も新たなメンバーとなる場合が多く見られ，低学年で学習していた生活科に替わり社会・理科・外国語活動・総合的な学習の時間が登場することも，子どもや保護者にとって大きな変化として新鮮に映る学年です。また，3年生の発達の特性としては，一般的に見て，いわゆる「ギャングエイジ」という言葉で表されるように，集団意識・仲間意識が高まり，活動が旺盛になってくる時期でもあります。

　3年生の通信簿は，こうした期待感を裏切ることのないように，子どもの発達の特性を踏まえ，学習状況や行動を多面的に観察し，子どもの努力や進歩の状況，顕著な事例などを取り上げ，より具体的に記述するようにします。

　また，評価・評定の方法を変える学校も多く見られ，通信簿の様式も低学年と異なることも多いため，新しい教科の指導内容を知らせておくとともに通信簿の見方についても周知し，理解を求めておくことが大切です。

学期ごとの通信簿作成の配慮点

1学期
- 子ども一人一人を多面的に観察し，進歩したことなどを具体的に記述する。
- はじめて学習する教科の学習状況には触れておきたい。また，小規模校ではクラブ活動も実施される場合があるため，状況の把握を丁寧にしておくようにする。
- 夏休みにがんばらせたい課題などを具体的に知らせる。

2学期
- 2学期の学習や学校行事・集団活動に対しての興味・関心，学力の伸び，進歩の状況などを具体的な作品や事例などに基づき，具体的に記述する。
- 冬休みに家庭で努力してほしい課題を伝える。

3学期
- 子ども一人一人の1年間の努力の様子をまとめ，そのよさを伝えるとともに，これからがんばる課題を明確にし，具体的に伝える。
- 4年生へ進級する喜びと希望を持てるよう，子ども一人一人の特徴の指摘と励ましを中心に，誠意を込めて家庭に知らせる。

● 4年生の通信簿

　4年生はクラブ活動も始まるなど，高学年とともに活動する場が増えてきます。学校生活全般に興味・関心を広げ，自発的に活動しようとする意欲が高まり，自信を持って自己主張できる子どもも増えてくる時期です。代表委員会に参加することもありますが，4年生の子どもが意見を活発に出すことで高学年が刺激され，生産的な話合いが展開されるほどです。また，男女の活動の違いや発達の個人差も大きく見られるようになります。

　この時期，家庭でも子どもに任せられる活動内容が多くなるからか，一般的に保護者は，学校教育への関心が薄らいでくる傾向があります。だからこそ，学校と家庭との連携を強化する必要があり，一人一人の子どもの望ましい成長を促すための指導や情報発信を，タイムリーに展開していくことが重要です。年度当初には，評価計画を学年で立て，妥当性・客観性のある評価を積み重ねることで具体的な資料の蓄積ができます。それに基づいた通信簿の所見欄の一言一言の果たす役割は大きいものとなります。

学期ごとの通信簿作成の配慮点

1学期
- 教科学習をはじめ，さまざまな集団活動の様子や，学校行事にも着目し，一人一人の子どものトータルな特徴が浮かび上がるよう配慮する。
- 夏休みに取り組ませたい活動，克服させたい課題などを具体的に知らせる。

2学期
- 1学期の指導と評価を踏まえ，その連続・発展から評価する。そのために，一人一人の子どもの2学期の努力目標，保護者の願いなどを把握しておく。
- 総合的な学習の時間の活動，外国語活動，学校行事での動きも細かくとらえ，学習状況，行動・生活面の特徴とあわせて具体的に伝えるようにする。

3学期
- 1年間で成長した点，進歩した点を明らかにし，一人一人の子どもの可能性をいっそう伸ばす所見となるよう努める。
- 1，2学期の評価を踏まえ，4学年での成長と課題が明らかになるようにする。

●所見文のチェックポイント

①人権を損なう表現や差別・偏見につながる表現になっていませんか
　身体的障害に触れたり心身の特徴を具体的に挙げたりする表現，偏見や固定観念にとらわれた表現は許されません。子どもや保護者の気持ちに配慮した記述を心掛けましょう。

②家庭に干渉したり，責任転嫁したりする表現になっていませんか
　不用意に家庭の事情に触れたり，教師が指導すべきことを家庭にだけ求めたりすることは許されません。信頼を失い，家庭の理解・協力を失うことにもつながります。

③子ども・保護者にわかりにくい専門的な表現になっていませんか
　むずかしい言葉や教師間で使う専門用語，抽象的な表現では子どもはどう努力したらよいかわからず，保護者もどう協力したらよいかわかりません。

④教育観・学力観の誤り・思い上がりによる表現になっていませんか
　安易に教科に軽重を付けたり，自分の教育信念を押し付けたりしないよう注意します。謙虚さを忘れず，相手の心に届く表現を工夫しましょう。

⑤ほかの子どもと比べた表現になっていませんか
　通信簿は，子どもたち一人一人の努力と成長，励ましの記録です。ほかの子どもと比較して，無用の競争心・嫉妬心をあおることは慎みましょう。

⑥独善的，断定的で，冷淡な表現になっていませんか
　データよりも自分の感情を優先して書いたり，子どもの能力や性格を安易に，しかも断定的に表記したりすることは避けなければなりません。

⑦子どもの欠点を指摘するばかりの表現になっていませんか
　欠点の指摘だけでは子どもの力は伸びません。子どものよさや努力を認め，指導の方向性を伝えることで家庭の理解・協力を促しましょう。

⑧乱雑に書かれてはいませんか
　誤字脱字，乱雑な字，汚れがあっては，保護者も子どもも失望します。

●チェックポイントに基づくNG文例・表現例

①人権を損なう表現や差別・偏見につながる表現

- 言葉遣いに**女性らしさ**が感じられません。
- 友達から**ノッポ**と言われるのを……
- **お母さんが外国人のため**，語彙が少なく……

その他の NG 表現例
- ●どもる ●おしのように ●背が小さい ●やせ ●太っている
- ●体重が重い ●ぐず ●のろま ●外人 ●片手落ち ●ねこ背 ●だんご鼻
- ●がに股 ●父兄 ●音痴 ●色黒 ●いなか者 ●幼稚 ●にぶい
- ●頭でっかち ●つむじまがり など

②家庭に干渉したり，責任転嫁したりしている表現

- ●**ご家庭でのテレビ視聴やゲーム遊びに問題があり**，睡眠不足で授業中ぼんやりしていることが多いです。
- ●**家庭での予習・復習が不足しており，学習の定着が遅れています。**家庭学習の習慣が付くよう，家庭でも見てあげてください。

その他の NG 表現例
- ●基本的な生活習慣が身に付いていない ●家庭で身に付けるべきこと
- ●過保護 ●過干渉 ●甘やかし ●温室育ち ●無理解 ●生育歴 ●放任
- ●一人親 ●離婚 ●共働き ●しつけ不足 ●親の怠慢 ●鍵っ子 など

③子ども・保護者にわかりにくい専門的な表現

- ●社会的事象への興味・関心が高く，**事象の意味を多面的にとらえます。**
- ●学習態度が良好で，**学習意欲も旺盛**で，きちんとした生活態度です。
- ●**目的意識が明確であること**が学習の理解につながっています。**心の余裕が出てくると更に確かな理解**を得られます。

その他の NG 表現例
- ●受容 ●学力観 ●評価の観点 ●技能の習得 ●課題解決学習 ●領域
- ●動機づけ ●態度化 ●情報モラル ●言語活動 ●キャリア教育
- ●道徳的実践力 など

④教育観・学力観の誤り・思い上がりによる表現

- 音楽や図画工作の**技能教科**は意欲的に学習しますが，**肝心の国語**では集中力が続かず……
- ～は**私の教育方針に照らして許せない**ことで……

その他の NG 表現例
- ●主要教科　●基礎教科　●私の教育信念（私の教育観）では
- ●私のクラスでは認めていない　●私の経験にない
- ●担任の言葉に従えない　など

⑤ほかの子どもと比べた表現

- 国語や算数の理解力は，○さんに次いでクラス第2位です。
- **友達が作品を仕上げているのに，**マイペースで作業を続けています。

⑥独善的，断定的で，冷淡な表現

- まるで活気がなく，授業中もいるかいないかわからないくらいです。もっとはきはきできるようにしたいものです。
- 学習中，私語が目立ったり，落ち着きがなかったり**が原因で，理解が不確かです。この点が直らない限り，学習成果は期待できません。**

⑦子どもの欠点を指摘するばかりの表現

- 何をするにも真剣さが足りません。授業態度にもむらがあって，成績の伸びもあまり見られません。
- 作品を仕上げるのにとても時間がかかります。製作や作業が中途半端です。

●課題を指摘する際の留意点

①できていない点を補う課題だけでなく，よくできる点を伸ばす課題も示します

　　課題というと，できていない点を補うためだけと考えがちですが，よくできる点を更に伸ばすための課題もあります。後者を先述すると，子どもも保護者もうれしく，やる気につながりやすくなります。

②課題を示すだけでなく，必ず努力の仕方を示します

　　できていない点（課題）だけを示しているものがあります。これでは，子どもも保護者も嫌な思いをするだけで，今後，どのようにすればよいかもわかりません。どう努力したらできない点ができるようになるのか，努力の仕方をできるだけ具体的に示すことが必要です。

③よくできている点を示してから，課題と努力の仕方を示します

　　よくできている点をまず示すと嬉しくなります。次に，できていない点を補う課題と努力の仕方を示しても，素直に受けとめ，努力する気になります。

④努力とその成果を書くようにします

　　その学期中に本人が大変努力し，その結果できていない点ができるようになったり，進歩したりした点などを書きます。課題に取り組むように促したり，励ましたりする効果があります。

⑤学習意欲や態度の向上について書くようにします

　　継続して課題に取り組むことにより，基礎的・基本的な内容の習得を徹底できます。そのためには，たえず課題を意識して取り組む意欲，態度が必要です。学期中の意欲，態度の向上を進んで示すことで，意欲，態度を育成できます。

⑥子どもごとにデータをファイルし，書き分けます

　　課題は子どもごとに違い，努力の仕方も違います。子どもごとに書き分けるために「子どもごと」「単元ごと」にきめ細かいデータを収集しておきます。

● 課題を指摘する所見文の書き方

○学習成果が上がらない子

①いろいろなことに興味をもち，どの教科も②意欲的に取り組んでいます。③この調子でがんばれば，必ず成績も上がってくることでしょう。

①どんなことに？
②どのように？
③まずは，どんなことから始めればよいのか？

添削後 好奇心・探究心が旺盛で，社会科の調べ学習は進んで地域へ出かけ，意欲的に取材していました。まとめの記録の仕方にも興味を持てるよう指導しています。

POINT 具体的に何ができているのかを明確にした上で，課題となっていることに対してどうがんばれば成果が上がるのかを具体的に示す。

○地道な努力が足りない子

授業中の発言は活発に行うのですが，①ドリルなどで地道に努力する姿勢が不足しています。繰り返して学習し②一つ一つの内容をしっかり定着させていくことが必要です。

①どんな努力が必要なのか？
②そのための方策は何か？

添削後 集中力があり，教師の話をよく聞いて発言します。この集中力を生かして，朝の10分間にローマ字を書く練習など，繰り返し行うようになってきています。時間を決めて集中して取り組むことがポイントです。自分の力でやり遂げる力を付けたいと思います。

POINT 欠点だけを指摘しても，欠点を克服しようとする意欲はなかなか生まれない。その子どものよさを生かして課題を解決していくように導くことが大切。努力のためのはじめの一歩を示す。

○集中力に欠ける子

好奇心は大変旺盛ですが，①興味・関心が学習以外のことに向けられることが多く，②授業中の注意力が散漫になりがちです。③集中力を身に付けるよう努力することが必要です。

①なぜなのか？
②どうすればいいのか？
③先生は他人ごとのように言っている？

> **添削後** 作業を始めると自信がないのか友達の様子が気になるようです。少しずつ区切って進めさせたり，個別に関わり安心感を与えたりするなどして，集中して取り組めるようにしていきます。

POINT 教師の目についていることをそのまま記述したのでは，指導にはならない。集中力のない原因を考えたい。その上でどう育てていくかビジョンを示す。

○学習態度が消極的な子

> まじめに①よく努力し学習していますが，やや②積極性に欠ける面があります。③なにごとにも挑戦する気持ちを持ってがんばりましょう。

① どんな努力をしているのか？
② どんな面が欠けているのか？
③ まずは，どうしたらいいのか？

> **添削後** 作業を丁寧に行い，よい作品をまとめ上げます。理科の実験には高い関心を示し，わからない点などを教師に聞きに来ました。この姿勢をほかの学習へも広げていくとよいです。

POINT 努力が見られるところは，その姿を具体的に取り上げてほめる。さらにどう努力していけばいいのかについて，現状に立って方向性を示すようにする。

○忘れ物が多く学習に支障をきたす子

> ①宿題忘れや忘れ物が多く，学習に支障をきたすほどで②自信のなさそうな様子が気になります。③点検や確認など,ご家庭でのご協力をお願いいたします。

① 忘れ物のせいでわからないのか？
② 指導していないように受け取られる恐れあり。
③ 家庭の責任のみを主張しているように感じ取れ，連携がはかられにくい。

> **添削後** 学習準備や宿題などの忘れ物が多いため，連絡帳の書き方や家での点検の仕方について指導しました。本人もよく理解し，忘れなかったときは，朝，声をかけてくれるようになりました。この姿勢を続けさせたいと思います。

POINT 欠点や不足点の指摘に終始せずにその子どもがどう努力しているか，教師がどう指導しているかを必ず入れること。そうすれば家庭との連携が自然とはかられる。また，このような欠点は，まず，面談などで指摘し具体的な指導方針を考えて取り組むことも大切である。

○教科の好き嫌いが激しい子

算数の学習には①見せる意欲も，国語の学習には②見られず残念です。③教科の好き嫌いや学習意欲のむらをなくしてがんばれば，必ず成果が上がります。

①どんな場面での意欲が高い？
②どんな場面で意欲が低い？
③教科の違いではなく活動の違いではないのか？

添削後　算数の計算では直感を働かせ素早く反応します。反面，国語や社会で長文を読む場面になると集中力が続かないことがあります。朝読書をきっかけに，日常的に本を身近に置いていろいろな本を読む機会をつくっていきたいと思います。

POINT 意欲のむらについて活動の様子を具体的に説明する。その上で教師の願いを書き，保護者への共感を促すようにする。

○約束ごとにルーズな子

①開始時間に遅れたり，廊下で遊んだりと，学校のきまりが守れずに②注意を受けることが多くありました。約束ごとに対する③けじめをつけさせていきたいです。

①欠点の指摘から入るときつい感じ。
②他人ごとのような印象受ける。
③どのように付けさせていくのか？

添削後　明るく活発に活動しています。ただ夢中になりすぎて時間やきまりごとのけじめがつきにくいことがあります。次にやる内容に見通しを持てるように指導していきたいと思います。

POINT 約束が守れないという事実を子どもの側からもとらえる。その上で，どう指導していくかの方針を伝える。

○指示待ちで主体性に欠ける子

①ほんのささいなことでも「これどうやるの」と聞いてきます。行動全般で②指示がないと動けない傾向が強いようです。③自信を付けさせたいです。

①聞くことが悪いことのように伝わってしまう。
②教師の指示の仕方はよかったのか？
③どのように自信を付けさせるのか？

添削後 慎重に注意深く行動します。担任にもよく活動計画の確認をしにきますが，大抵は正しいので自分の判断に自信を持って動くよう励ましています。間違ってから考えることも大切な学びです。

POINT 大抵の場合，よさと課題は共存している。何がよさで何が課題であるかを書く。その上で，導きたい方向性を示す。

○集団になじめない子

休み時間などに一人でいることが多く，①なかなか友達の輪に加わることができません。②友達づくりは勇気を持って話しかけることから始まります。③がんばりましょう。

①なぜ加わることができないのか？
②簡単なことではないと感じるだろう。
③どうがんばればよいのか？

添削後 全体の場での発言に自信が持てないようです。グループ学習などで，まず友達の考えをよく聞いてみましょう。自分の考えを少し丁寧に伝えることを増やしていくと，徐々に友達の輪に入れるようになると思います。

POINT 集団になじめない子どもにはさまざまな原因がある。努力点を明確に示す。

○協調性に欠ける子

全般的に①自己主張が強く自分勝手な発言や行動が目立ちます。友達の意見も尊重し，②なにごとも協力しながら進めていけるように③なってほしいと願います。

①例えばどんな場面？
②どんなふうに？
③そのためにどうするのか？

添削後 活発によく発言しますが，グループ活動で自分の意見が通らないと意欲をなくすことがあり指導しています。リーダーの立場でみんなの意見を調整していく経験ができるようにしたいと思います。

POINT 自己主張ができるように育てることは間違いではない。他者の気持ちがわからないことが問題。その点を明確にし，解決方法を示す。

● 長所発見の視点表

視 点	評価法	具体的なポイント
児童の すべてを認める （受容）	・観察	●まず大切なことは，児童一人一人の存在を認め，一人の人間として見ることである。教師は，児童が心身ともに成長し，将来を担う社会人としてりっぱに生きていくことを願っている。そのためには，児童のすべてを認めるという前提がまず必要である。
短所を長所に 置き換えて見る （発想転換）	・観察 ・自己評価 ・相互評価	●逆転の発想が大切で，長所はときとして短所になり，短所は考え方を変えればよさや長所にもなる。短所は目に付きやすいが，その短所をよい面に伸ばすような指導や助言を与えたり，その短所を長所に置き換えたりして，児童の長所を見出す。 ●例えば，活発であることが，授業中は騒がしいとの指摘を受ける反面，学級活動などでの話合いでは，積極的な発言が多く，全体の雰囲気をよくする場合もある。
集団の中で見る （集団抽出）	・観察 ・相互評価	●学校は集団生活を基本としており，児童は一人でいるときとは違って，集団を意識した言動になる。その児童が集団の中でどのように行動し，周りの児童からどのように見られているかなど，集団の中で児童をとらえて長所を見出す。 ●友達に対して，思いやりのある言動ができる児童や，集団活動の中でリーダー性を発揮する児童など，日頃見えない姿をとらえることができる。
客観的データから 見る （客観法）	・データ 　分析	●学級担任が児童を主観的・恣意的にとらえることがあってはならない。そのためにも，客観的・科学的なテストを実施して，そのデータから児童を客観的に把握し，その中で長所を見出す。 ●定期考査，検定試験（英語，漢字など），知能検査，適性検査など。

視　点	評価法	具体的なポイント
児童のレベルに立って見る（同レベル）	・観察	●教師は児童を教える対象としてとらえ，師弟関係，上下関係で見がちである。それでは長所が見えてこない場合がある。教師が児童のレベルになることで，その児童の長所が見えてくる場合がある。 ●児童の活動に教師が参加する，昼休みの時間に児童と一緒に遊ぶ，児童との雑談や共通の話題で話をするなど。
見る場を変えて，さまざまな場で見る（場面転換）	・観察	●授業，学校行事，児童会活動，係活動，クラブ活動などさまざまな場面があるため，学級担任は，すべての場面で児童を見ることはできない。そこで，できる限りいろいろな場面で児童を観察することに日頃から心がけるとともに，学級担任は，ほかの教師からの情報提供，補助簿の活用，児童や保護者からの聞き取りなど情報収集に努める必要がある。
児童の作品，作文などを通して見る（業績・作品評価）	・作品分析 ・観察 ・自己評価 ・質問紙	●児童の教科での作品（図画工作科や家庭科の作品など），学校行事後の作文や学年の最初に書かせる作文などから児童の持っている長所を見出す。児童自身の特技や芸術的才能，そして児童の考え方，ものごとの見方，表現力などの長所を見出すことができる。 ●文化祭や学芸発表会などを通して，新しい発見がある場合が多い。教科の中で行う自己評価や，学級活動などで行う学期末や学年末に行う反省アンケートの資料も，外からでは観察のむずかしい児童の内面理解（特に，興味・関心・意欲など）に役立つ。
児童一人一人との面接や会話を通して見る（会話・面接）	・面接 ・聞き取り	●小学校は学級担任制であり，学級担任は，毎日学級の全児童と話すチャンスがある。日頃から児童との会話を大切にし，人間関係をつくることを大切にする。また，「いつでも，どこでも，誰とでも面談をする。相談を受ける」ことを心掛ける。児童にもそのことを周知し，さらに定期的に時間を設定して，面接をする。

視　点	評価法	具体的なポイント
ほかの教師からの見方，とらえ方を知りそれらを通して見る（情報交換）	・相互評価 ・事例研究	●一人の学級担任の見方，とらえ方は，ともするとその児童の断片的で部分的な点しかとらえていない場合が多い。ほかの教師がとらえるものとはまったく違うこともある。そこで，教師間や学年会の情報交換を通して，児童を多面的にとらえる。一人の児童について，何人かの教師で話し合えば，気付かなかった側面や長所を知ることになり，その後の指導にも役立つ。
友達同士の相互評価を通して見る（相互評価）	・相互評価 ・質問紙	●児童にとって，友達との人間関係は重要である。相互の関係の中で，ほかの児童がその児童をどのように見ているのか，どのように評価しているのか，という観点からその児童の長所を見出す。 ●学校行事などへの取組みを通した「友達のいいところ探し」や，小集団での互いのよさについて伝え合う活動などを活用する。
児童の自己評価を通して見る（自己評価）	・自己評価 ・質問紙	●自分の長所を見出すことはむずかしいことだが，あえて自分のよさや可能性を自己評価させる。そこで挙げられた長所を教師として認め，受け入れて伸ばしていく。その際に大切なことは，「必ず，長所はある。長所がない人間はいない」ということを伝え，自分の長所を見付け出させることある。 ●エンカウンターによる振り返り（シェアリング）やキャリア教育の自己分析カード，総合的な学習の時間における自己評価カード（ワークシート，感想文など）もこれに当たる。
これからの可能性ある一人の人間として見る（可能性期待）	・観察	●小学生という段階は，まだまだ人間的にも未熟なときである。どんなに短所ばかり見える児童でも，発達途中であり，将来どのような可能性があるかわからない。児童を一人の人間としてとらえ，いまの状態ではなく，長い目で見てその児童の将来的な可能性から判断して長所を見出す。

視点	評価法	具体的なポイント
地域や家庭などの学校外の生活の中で見る（学校外発見）	・面接 ・聞き取り	●学校生活で目立たない児童でも，地域の中の活動を通してジュニアリーダーとして活躍していたり，家庭内でよく家族を手助けしたり，家庭学習を自主的に実践していたりと，学級担任が把握できていない場面において，児童が長所を発揮している場面がある。 ●地域の方との懇談の中や，保護者との面談を通して，その児童の長所を見出す。
一人の児童に注目し，総合的に観察して見る（事例研究）	・観察 ・記述分析	●観察する児童を一人と決めて，その児童の言動について，肯定的に観察する。いろいろな場面でどのように行動するのか，友達との関係はどうなっているのか，学校生活全般についてよく観察し，その中で児童の長所を見出す。
しかることよりほめることを通して長所を伸ばす（伸長）	・観察 ・行動分析	●児童の健全育成を目指すには，しかるよりほめたほうが効果がある。長所が見えにくい児童でも，日々の活動を通して少しでもほめる。そのことによってその児童が持っている長所が見えてくる場合がある。短所が長所として伸びていくこともある。
児童にさまざまな活動や場を与え，その中で児童の長所を伸ばす（場面発展）	・観察 ・相互評価 ・記述分析	●児童の長所を見出す方法として，計画的，意図的にいろいろな場面で活動の場・活躍する場を与えることがある。児童はそうした活動場面を通して，学級担任が考えていた以上のすばらしい活躍をすることがある。 ●学級活動，学校行事，係活動，児童会活動，日常の活動を通して，児童に自主的，実践的に活動する場面を与える。

● 所見で使える表現一覧

自信がない子・臆病な子

言い換え ●控えめ ●思慮深い ●慎重 ●用心深い ●冷静 ●自制心がある ●自分に厳しく高い目標を持っている

励まし ●失敗は成功のもと ●案ずるより産むが易し ●一歩踏み出して ●失敗を恐れず ●小さな目標から始めて ●勇気を出して

主体的でない子・消極的な子

言い換え ●協調性がある ●人の意見を大切にできる ●慎重 ●サポート上手 ●縁の下の力持ち

励まし ●目標を持って ●自分から率先して行動することも考えて ●自分の気持ちを大切に ●チャレンジ精神を持って

慎重さを欠く子・計画性のない子

言い換え ●スピーディ ●思いきりがよい ●ひらめきがある ●大胆 ●豪快 ●おおらか

励まし ●急がば回れ ●焦らずゆっくり ●備えあれば憂いなし ●見通しを持って ●一歩一歩着実に

移り気な子・集中力の続かない子

言い換え ●好奇心旺盛 ●行動力がある ●活動的 ●視野が広い ●フットワークが軽い ●軽やか ●柔軟性がある

励まし ●ちりも積もれば山となる ●千里の道も一歩から ●継続は力なり ●石の上にも三年 ●地道に ●コツコツ ●じっくり

頑固な子

言い換え ●一貫性がある ●たくましい ●自己主張できる ●意志が強い ●芯が通っている ●向上心がある ●自分の意見を持っている

励まし ●肩の力を抜いて ●友達の意見も尊重して ●ときには歩み寄って ●別の角度からものごとをみて ●ほかの考えがないか自身で振り返って ●柔軟な姿勢で

すぐに感情的になる子

言い換え ●感受性豊か ●素直 ●正直 ●自分の意見を言える ●まっすぐ ●裏表のない

励まし ●落ち着いて ●相手の意見に耳を傾けて ●穏やかに ●一度立ち止まって ●短気は損気

授業中に騒がしい子・落ち着きがない子

言い換え ●元気がよい ●活発な ●のびのびしている ●素直 ●リラックスしている

励まし ●メリハリを持って ●目の前のものごとに集中できるように ●切り替えができるように

明るい子・元気のいい子

言い換え ●朗らか ●明朗 ●快活 ●活発 ●陽気 ●気さく ●外交的 ●社交的 ●ユーモアがある ●いきいき ●活気がある ●エネルギッシュ ●バイタリティがある ●のびのびしている ●笑顔を絶やさない ●前向き ●友達と楽しく遊んでいる

勤勉な子・まじめな子

言い換え ●一生懸命 ●ひたむき ●計画的 ●一歩一歩 ●真剣 ●熱心 ●労を惜しまない ●努力家 ●がんばり屋 ●着実 ●まめ ●コツコツ ●課題意識・目標がある ●用意周到 ●几帳面 ●規則正しい ●きちんと ●けじめがある ●まっすぐ ●がむしゃら

主体性の高い子・リーダーシップのある子

言い換え ●自主的 ●自律的 ●自ら ●進んで ●率先して ●意欲的 ●面倒見がいい ●決断力・実行力がある ●人望が厚い ●先頭に立って ●頼もしい ●頼りになる ●人を引っ張って ●堂々

責任感のある子・粘り強い子

言い換え ●地道 ●コツコツ ●根気強い ●ひたむき ●持続力がある ●むらなく ●我慢強い ●くじけない ●全力を尽くす ●最後までやり遂げる ●あきらめない ●七転八起 ●妥協しない

意志の強い子

言い換え ●自制心がある ●周りに流されない ●左右されない ●信念がある ●自己主張できる ●初志貫徹 ●芯が通っている

温和な子・寛大な子

言い換え ●やさしい ●穏やか ●なごやか ●温厚 ●落ち着いている ●ものごとにとらわれない ●おおらか ●心が広い ●包容力がある

親切な子

言い換え ●やさしい ●温かい ●思いやりのある ●親身になって ●人に尽くす ●相手の立場になって考えられる ●気遣いできる

公平な子

言い換え ●公正 ●公明正大 ●正義感が強い ●視野が広い ●フェアプレー ●思慮深い ●分別がある ●多面的に考えられる

礼儀正しい子

言い換え ●気持ちのよいあいさつができる ●ルールを守れる ●言葉遣いが丁寧 ●律儀 ●規則正しい

発想が豊かな子

言い換え ●臨機応変 ●独創的 ●ユニーク ●柔軟 ●視野が広い

第2部 文例編

1 学習の所見文例
2 行動・特別活動の所見文例
3 特別な配慮を必要とする子どもの所見文例
4 子どもの状況別言葉かけ集

本書（2019年版）の特徴

　通信簿作成の第一義は学習の充実です。その学期における学習状況や成績などを保護者や本人に知らせ，進歩の状況や長所，短所などの確認を促し，今後の学習への動機付けや，学習に効果的に取り組むためのヒントを与えます。

　いっぽうで，教員の多忙化が叫ばれ，評価業務の効率化が課題です。今般，中央教育審議会『児童生徒の学習評価の在り方について（報告）』において，「各学校の設置者が様式を定めることとされている指導要録と，各学校が独自に作成するいわゆる通知表のそれぞれの性格を踏まえた上で，域内の各学校において，指導要録の『指導に関する記録』に記載する事項を全て満たす通知表を作成するような場合には，指導要録と通知表の様式を共通のものとすることが可能である」との見解が示されました。

　指導要録と通信簿の様式を共通化することは，教員の負担軽減につながるでしょう。ただし，二者の内容の一貫性を検討する際には，「観点別学習状況の評価を通信簿にどう記述するか」という視点が欠かせません。

　そこで本書は，今回の改訂版において，観点別学習状況に基づく文例の分類を更に強化しました。今版のおもな特徴は以下のとおりです。

○ 特に意識させたい資質・能力に見合った，文例を選択できます
○ 児童の様子，活動場面に応じて，文例を選択できます
○ 評価観点別に文例を選択でき，指導要録と通信簿の一貫化に役立ちます

　なお，観点別評価に十分に示しきれない，児童一人一人のよい点や可能性，進歩の状況などについては，「日々の教育活動や総合所見等を通じて積極的に子供に伝えることが重要」という中央教育審議会『論点整理』の説明を踏まえ，「行動」（第2章）や「特別な配慮を必要とする子ども」（第3章）の文例，また「言葉かけ集」（第4章）の中で紹介しています。

参考文献： 中央教育審議会（2015）『教育課程企画特別部会における論点整理』
　　　　　中央教育審議会（2019）『児童生徒の学習評価の在り方について（報告）』
　　　　　無藤隆・石田恒好編著（2010）『新指導要録の解説と実務』図書文化

第1章 学習の所見文例

所見記入時の留意点

❶ 子どもや保護者に伝えたいことを日頃から収集し記録しておきます

　子どもや保護者に伝えたい情報やエピソードは，ふだんから記録しておきましょう。「よいところが一つもない子ども」は存在しません。個に応じた指導を丁寧に行い，子どものよさを引き出しておくことが大切です。

❷ 子どものやる気を引き出すようなエピソードを中心に記述します

　子どもの記録の中から，子どもが最もやる気になるようなエピソードを選び，通信簿に記述します。具体的なデータを添えると説得力が増します。「さすが先生，目の付け所が違う」と言われるようになりたいものです。

❸ 課題を記述する際は，指導の方向性，家庭学習などのポイントを示します

　成果が不十分で再チャレンジが必要な課題について記述する際はまず，学校として考えている今後の指導の方向性を示します。その上で家庭学習等のポイントを伝え，教師がともに学び，全力で支援を続ける姿勢を示します。

❹ 一人一人の子どもの努力や進歩の状況を記述します

　個人内評価（その子どものよい点や可能性，進歩の状況についての評価）をし，そこから得られたその子どものよさを通信簿に表現します。1学期は学期中の変容の様子を，2学期，3学期は，学年当初の子どもの姿を基準にして現在の姿を記述すると，努力や成長の様子をうまく伝えることができます。

❺ 観点別評価の「主体的に学習に取り組む態度」に着目します

　指導要録の観点別評価は，「知識・技能」「思考・判断・表現」「主体的に学習に取り組む態度」の3観点をもとに行います。「主体的に学習に取り組む態度」については，「学習目標を自ら立てていたか」「進め方を見直しながら学習していたか」など，意思的な側面をとらえて評価し今後の学習につないでいきましょう。

❻ 子どもごとに書き分け，記述した文章は記録に残します

　子どもは，通信簿を見せ合います。また，家庭では，通信簿を長年にわたり保管し大切に扱います。本人の過去の通信簿や兄弟姉妹の通信簿と比べて「○先生は，いつも同じことばかり書いているね」と言われることのないよう，記述した文章は記録しておき，今後の参考として活用しましょう。

学習全体

学習成果 ▶ 学習成果が十分上がっている

子どもの様子
学習成果も学習態度も良好な子

[所見文例]

- どの教科においても積極的に発言し，自分の考えを深めています。常に国語辞書を手元に置いて，言葉の意味や使い方を調べていました。来学期は新しく覚えた言葉を積極的に使っていくとよいでしょう。
- 問題解決型の学習を通して，思考力・表現力に磨きをかけました。自由学習ノートには，疑問について調べたこと，テレビのニュースをまとめたことなどが記され，○さんの興味・関心の幅の広さが表れていました。

POINT

主体的に取り組めていた点について，具体的なエピソードを交えて伝え，評価する。また，その子のよさを伸ばすための動機付けを高めたり新たな課題を提示したりする。

子どもの様子
学習に意欲的に参加している子

[所見文例]

- 学習の過程で生まれた疑問を解決しようと，自ら図書館に出向き，調べ学習に取り組んでいます。社会科では，ゴミを分別する理由について調べ，リサイクルの重要性について発表し，友達から高い評価を得ました。
- 算数の授業では，箱を切り開いて展開図を考える学習に熱心に取り組みました。試行錯誤の末，考え得るサイコロの展開図をすべて洗い出すことができました。本人にとって大きな自信となったようです。

POINT

学習に意欲的に取り組んでいる様子を，具体的なエピソードを交えて伝える。家庭で話し合い，来学期の目標を考える際の参考になる情報を提供する。

学習成果 ▶ 学習成果が十分上がっている

[子どもの様子]
自ら進んで調べようとする子

[所見文例]

✎ 疑問がある場合には，質問する・調べる・話し合う等の活動を通して，自分の考えや仮説をまとめることができています。総合的な学習の時間の学習計画を立てる際には，新しいアイデアや解決方法を提案し，活躍していました。

✎ 国語の「すがたをかえる大豆」では「豆の種類と使い道」をテーマに学習し，資料を集めていました。大切なことをメモに残し，ミニ新聞にまとめたところ，友達から「○さんの新聞の続きが読みたい」との声が上がり好評でした。

 POINT
自ら学ぼうとする意欲や態度が，学力を伸ばす上で大切なことを強調する。教科や単元名，学習場面などを示して，具体的な事実をもとに評価する。

[子どもの様子]
学習成果は上がっているが，学力に自信のない子

[所見文例]

✎ 日々練習を積み重ね着実に力を付けています。例えば，毎週行っている計算テストは，すべて1回で合格し，クラスみんなの目標になっています。来学期も，自信を持って新たな課題に挑戦していきましょう。

✎ 総合的な学習の時間の発表会では，資料の準備や台本づくりなど，活動を支える重要な役をやり遂げました。グループの友達も，「発表が成功したのは○さんのおかげ」と高く評価していました。すばらしい活躍でした。

 POINT
粘り強い努力が学習成果につながった具体例を示す。また友達からも認められていることを知らせる。自信を持たせ，来学期の学習への意欲を高めていく。

学習全体

学習成果 ▶ 学習成果が十分上がっている

子どもの様子
意欲的だが人の話を聞かない子

[所見文例]

- 算数の「わり算」の学習では,自分の考え方や計算方法について自信を持って発表しました。より考えを深めていくためには,友達の考えや説明を参考にすることが有効です。友達との関わりを大切にしていきましょう。
- 知識が豊富で,学級での話合いをリードしています。○さんがうなずいたり,友達の言葉をわかりやすく言い換えたりしてくれると,より中身の濃い話合いになっていきます。さらなる活躍を期待しています。

 POINT

意欲があることや積極性を評価する。興味・関心の対象や学習への取組み姿勢が異なる相手とも互いの違いを認め合い,協力することでお互いに成長していく大切さを伝える。

子どもの様子
応用力を伸ばすことで学力向上が期待できる子

[所見文例]

- 粘り強く学習に取り組み,基礎・基本の力を身に付けています。今後は,意味調べをした言葉を使ってミニ物語を創作するなど,工夫のある学習に取り組み,表現力や創造性を伸ばしていきましょう。
- 地域安全マップづくりでは,インタビュー活動に取り組み,たくさんの情報を集めていました。総合的な学習の時間では,身に付けてきた基礎・基本の力を活用する機会がたくさんあります。積極的に挑戦していきましょう。

 POINT

学習の成果が表れていることを認め評価する。来学期以降は身に付けた知識や技能を活用し問題解決的に学習に取り組んでいくと,いっそうの成長が期待できることを伝える。

学習成果 ▶ 学習成果が十分上がっている

子どもの様子
知識は豊富だが，生活体験の幅が狭い子

[所見文例]

✒ 市の鳥や植物の名前など，インターネットで得られる情報をもとに，多様な知識を身に付けています。来学期は，社会科見学で市役所などを見学します。事前に質問を考えてインタビューし，学びを深めていきましょう。

✒ 社会で「ごみの処理と利用」について学習したとき，リサイクルについての豊富な知識をもとに学習をリードしていました。児童会で取り組む「ごみ減量大作戦」に一緒に参加し，実践力も身に付けていきましょう。

POINT

豊富な知識を持っていることを高く評価するとともに，体験から得られる学びの大切さや意義を伝える。家庭からの協力も得られるよう，具体的な提案や情報提供を行う。

子どもの様子
知的に優れているが，力を出しきらない子

[所見文例]

✒ さまざまな出来事に興味・関心があり，短時間で理解する力を持っています。時間をかけてカードや新聞等にまとめる活動などは敬遠する傾向が見られます。活動の意義を説明し，意欲を引き出していきます。

✒ 円の面積を求める際に「円を細かく切って並びかえること」を提案し，多くの友達から支持されました。自分のひらめきを実際の作業を通して確かめられるよう，最後までやり遂げる意欲や態度を育てていきます。

POINT

知的に優れている面について，高く評価する。労力を惜しまず努力することで伸びる面を具体的に示し，今後の学習に対する意欲を引き出す。

学習全体

学習成果 ▶ おおむね学習成果が上がっている

子どもの様子
努力の積み重ねにより学習成果が上がっている子

[所見文例]

✎ 日々着実に取り組んでいる自主学習の成果が各教科の学習に表れてきました。特に漢字や語彙の知識が確実に増えており，そのことが読解力も高めています。今後は，読書活動にも積極的に取り組んでいきましょう。

✎ わからない言葉があると，すぐに辞書や事典を引いたり図書館で調べたりするなど，正しい知識を身に付けようと努力しています。前向きな姿勢を持ち続け，ますます活躍することを期待しています。

 POINT

成果につながったと思われる努力の様子を具体的に記し，評価する。そのほかの場面や分野でも力を発揮できるよう，期待していることを伝えるなどして意欲を高めていく。

子どもの様子
体験的な学習に意欲的に取り組んでいる子

[所見文例]

✎ 消防署での学習を契機に防災に興味を持つようになりました。町の消防施設や避難場所などを調べた後，防災マップや消防新聞にまとめました。来学期もさまざまな体験的な学習に挑戦していきましょう。

✎ 理科で大豆とホウセンカの種をまきました。毎日欠かさず世話をし，生長していく様子やその違いなどを克明に記録しました。夏休みの自由研究では，大豆の利用法を調べる計画を立てています。問題解決に関わる力を身に付けています。

 POINT

学習の効果を更に高めるためのポイントを伝える。体験を通して得られた感動などを，文章や映像等で表現し記録する楽しさを説き，学習への意欲を高める。

学習成果 ▶ おおむね学習成果が上がっている

子どもの様子
予習・復習の習慣があり，学習準備もできている子

[所見文例]

- 家庭での予習を通して「もっと詳しく知りたい」などの問題意識が明確です。登校するとまず提出物を出し学習準備を済ませるなど，よい習慣も身に付いています。この調子で努力を続け，更に力を付けていきましょう。

- 国語では，新出漢字の意味と使い方を調べてから，授業に臨んでいます。予習を通して，学習への理解度が高まり，意欲的な姿勢が随所に見られます。前向きな学習態度と順序立った発言の仕方がみんなの手本となっています。

 POINT

家庭での予習・復習の習慣が，学校での学習活動にもよい影響を与えていることを，具体的な事例を通して知らせる。家庭に協力を依頼し取組みの継続を求める。

子どもの様子
やればできるのに意欲が続かない子

[所見文例]

- 商店街見学の新聞づくりでは，各店の工夫を絵で表し，色分け作業も丁寧に行いました。すばらしい新聞が出来上がり，見学先の店に展示されました。この経験を生かし，新たな課題に挑戦していきましょう。

- 展覧会に出品した「夢のお城」は，○さんの想いが色づかいに表れた，素敵な作品です。目指す目標を達成するためには，最後まで粘り強く取組みを続けることが大切であると，身をもって学んでいました。

 POINT

本人が気付いていないよさを取り上げ評価し，もう一歩の努力でいま以上の成果が上がることを知らせる。本人が，自分の可能性に気付けるよう，働きかけを行う。

学習全体

学習成果 ▶ おおむね学習成果が上がっている

子どもの様子
理解は早いが，知識が定着しない子

[所見文例]

- 新しい考え方を柔軟に受け止め，理解する力があります。学んだことを自分の力とするためには，繰り返しの練習が効果的です。復習する際には，間違えた理由を明らかにしてから，類題を解くよう指導しています。
- 理解力があり，きらりと光る発言が多くあります。基礎・基本の学習に取り組むためには，集中力を高めることも効果的です。教科書の音読や視写などに継続して取り組むと，さらなる成長が期待できます。

POINT

飲み込みが早く，理解力があることを評価する。理解した内容を自分のものにするためには，その後の復習や繰り返しの練習が必要であると伝える。

子どもの様子
学習方法やスキルが定着していない子

[所見文例]

- 社会のグループ学習では，友達の意見を参考にできましたが，自分の意見を述べることがむずかしそうでした。来学期も書く活動を取り入れた学習活動を続けていき，自分の考えをまとめ，自信を持って発表できるよう指導していきます。
- かけ算の学習では立式の方法をマスターし，正しく使えるようになりました。今後は，なぜ，その式を使うのかを考えてみましょう。自分で考えたことや気付いたことはノートにまとめ，理解をより深めていきましょう。

POINT

できている点や課題と思われる点を具体的に示す。どのように課題を克服していくかを子ども自身に選択させ，学習意欲を高めながら基本的な学習のスキルや方法の定着をはかる。

学習成果 ▶ おおむね学習成果が上がっている

子どもの様子
現状の自分に満足している子

[所見文例]

- 話をよく聞きまじめに授業に臨んでおり，学習の成果も着実に上がっています。○さんのよさを更に伸ばすには，話合い活動で自分の意見を発表し，友達と交流することが効果的です。挑戦してみましょう。

- 漢字練習のコツをつかみ，小テストで常に合格点を取り続けています。学期末に，自主学習で始めた「新出漢字を使った短文づくり」は，活用力を高める上で効果的です。引き続き取り組んでいきましょう。

 POINT

現状のよい点を評価した上で，自分のよさを更に高めていくための具体的な事例や，取組み方法などを紹介し，実践を促していく。

子どもの様子
基礎・基本の力があり，能力以上の目標設定をしない子

[所見文例]

- 算数では，自分でつくった「四捨五入」の問題を友達に出題するなど，意欲的な姿勢が見られました。ドリル学習の積み重ねが，自信につながっているようです。今後も努力を積み重ねていきましょう。

- 地道な努力を続け，すべての教科で着実に力を付けています。今後は，○さんの得意分野を広げていくために，一段高い目標を設定し挑戦できるよう応援します。目標の内容やアプローチの方法を一緒に考えましょう。

 POINT

身に付けた基礎・基本の力を維持・向上するために，努力を続けていることを評価する。基礎・基本の力を活用し，思考力や判断力等を高めていく重要性を伝える。

学習全体

学習成果 ▶ 学習成果が不十分

子どもの様子
努力に見合った学習成果が上がっていない子

[所見文例]

- 主体的に学ぶ姿勢を身に付けつつあります。わからない場合には，気軽に質問や相談するよう指導していきます。〇さんの高い意欲に応えるために，家庭学習の個別課題を用意し，支援を行っていきます。

- 自主学習ノートを欠かさず提出するなど，日々努力を積み重ねる姿は，クラスのよき手本となっています。反復練習に加え，間違えた理由を考え，それを補う学習を行えるよう，個別の支援を行っていきます。

 POINT

現在の状況を具体的に知らせ，これまで積み重ねてきた努力を評価する。よりいっそうの成果を上げるための改善策を具体的に示し，今後の指導の見通しを伝える。

子どもの様子
自分のよさに気付いていない子

[所見文例]

- 課題づくりではアイデアを出し，友達からも頼りにされています。体育では練習を積み重ね，二重跳びができるようになりました。これらの成功体験を生かし，ほかの場面でも努力する楽しさを味わえるように支援していきます。

- 理科では，毎日気温を測ってくれた〇さんのお陰で，事実に基づく客観的な話合いができました。この経験を生かし，ほかの学習においても目標を定め，日々努力する活動に取り組めるよう，支援していきます。

 POINT

潜在的にどのような力を持っているかを知らせる。最後まで粘り強く取り組むことによって得られた喜びや楽しさを想起させるエピソードとともに，努力する意義を伝えていく。

学習成果 ▶ 学習成果が不十分

 子どもの様子
集中が続かず，思うように理解が進まない子

[所見文例]

✎ 理解力があり，自分の考えをしっかりと持っています。人の話を聞く際のポイントとして，話し手を見る，自分の考えと比較することなどを現在練習中です。来学期は，聞き方名人を目指し，一緒に学習していきましょう。

✎ 新出漢字を用いた短文をつくる学習では，友達が感心する作品を数多く発表しました。集中力が持続すると○さんのよさに磨きがかかります。15分程度から徐々に時間を延ばすなど，家庭学習でも集中力の向上に挑戦してください。

 POINT
長所を評価しつつ，集中力を高めていく必要があることを確認する。授業や課題に集中することにより，本来持っている力が十分に引き出され，意欲も高まることを伝える。

 子どもの様子
学習作業に時間がかかる子

[所見文例]

✎ 図画工作の「夢のお城づくり」では，休み時間も使い，見事な作品を完成させました。漢字や計算のドリルは，決められた時間に解答することも大切です。来学期は，目標タイムを設定し，練習を積み重ねていきましょう。

✎ どの学習にもまじめに取り組んでいます。新聞づくりでは，表現したいことがたくさんあったのだと思いますが，時間が足りずにまとめ切れないことがありました。今後は，作業の計画を立てるなど，時間内で仕上げるための工夫を指導します。

 POINT
丁寧な取組み方や完成度が高い部分については認め，自信を持たせる。いっぽうで，決められた時間内にやり遂げるための工夫を具体的に伝え，学習への意欲を高める。

学習全体

学習成果 ▶ 学習成果が不十分

[子どもの様子] 理解するまでに時間がかかり，自信を失っている子

[所見文例]

- 理解したことを表現するのに時間を要しますが，完成した新聞やカードの内容はすばらしく，学級での手本になっています。自分の目標の達成に向けて粘り強く努力する姿勢は○さんの長所です。これからも自信を持って授業に臨んでください。

- 「休み時間も続けていいですか」とは○さんの言葉です。自分の納得がいくまで粘り強く学習に取り組む意欲や姿勢を持っています。来学期も，さまざまなことに挑戦し，理解力や表現力を高めていきましょう。

 POINT

自分の目標を達成するために努力を重ね，学習内容を理解していることを伝える。粘り強いという長所をとらえ，自信を持つよう励ましていく。

[子どもの様子] 効率的な学習方法が身に付いていない子

[所見文例]

- 国語の授業で発見したことを吹き出しに書いてまとめる学習活動に取り組んだ後，その手法を他教科のまとめにおいても活用しています。○さんがよいと思った方法は，今後も自信を持って取り入れてください。

- 社会科見学で情報を集め，新聞づくりに臨みました。情報を分析・選択するために時間がかかりましたが，○さん持ち前の集中力で挽回しました。予め立てた計画に基づき作業を進められるよう，今後も指導を続けます。

 POINT

地道に努力している姿勢を認める。友達が成功した事例からコツを掴み，よい方法についてはモデリングさせる。今後の可能性を示唆し，意欲を高めていく。

学習成果 ▶ 学習成果が不十分

子どもの様子
友達や教師の考えを無批判に受け入れる子

[所見文例]

- 自分の役割を責任を持ってやり遂げる○さんは，友達から信頼されています。自分の考えがほかの人と異なる場合には，それを相手に伝える必要があります。今後も自分を大切にしつつ友達と学びを深めていきましょう。

- 常にまじめな学習態度で，なにごとにも一所懸命です。グループ学習においても，黙々と作業に取り組んでいます。来学期は，得意とする書く活動を意図的に取り入れ，○さんが自分の考えを表現できるよう指導します。

POINT

協調性があり，友達と協力して学習に取り組んでいることを認めるとともに，ときには自分自身の考えを明確に表し，主張することも必要であると伝え，指導の方向性を示す。

子どもの様子
テストの結果に自己肯定感が大きく左右される子

[所見文例]

- まじめに授業に取り組み，音読や漢字練習の成果が小テストの結果に表れています。わからないことを質問する姿勢は，○さんの長所です。来学期も一緒に勉強し，わかること・できることを増やしていきましょう。

- 常にまじめに学習に取り組んでいます。テストで間違えたところが，わかるようになるまで復習する姿勢がりっぱです。テストの点数に拘ることなく，努力を積み重ねれば，成果は必ず上がります。応援しています。

POINT

その子どものよさや努力の状況を具体的に知らせ，自己肯定感を高める。今後の指導の方向性を伝え，学校生活への見通しを持たせ，意欲を高める。

学習全体

学習成果 ▶ 学習成果に偏りやむらがある

子どもの様子
不得意な教科を克服しようと努力している子

[所見文例]

✎ 洗面器の水に顔を付ける練習を家庭で繰り返し行った結果,水泳の授業では「けのび」ができるようになりました。家庭での言葉かけが○さんにとって大きな励みとなったようです。次は,クロールができるように取り組んでいきましょう。

✎ スムーズに音読ができるようになりました。学校と家庭で音読練習を欠かさずに続けた結果です。「継続は力」という言葉のとおりです。今後も指導を続け,更には読解力や物語を楽しむ力を伸ばしていきます。

 POINT

努力の状況を具体的に記し,成長した姿を評価する。家庭での取組みがあれば積極的に認める。子どもが意欲を高め,努力が継続できるよう支援する。

子どもの様子
得意教科と不得意教科の差が大きい子

[所見文例]

✎ 図画工作では個性的な表現力を発揮した作品を完成し,専科の教員から高く評価されました。国語の作文や理科の観察カードづくりも,自己表現の一つです。各教科の特性を踏まえた表現力を身に付けられるよう指導を続けます。

✎ 体育の鉄棒では練習を重ね,休み時間を利用して友達に教えるほどまでに上達しました。友達との関係が深まるにつれて自信が生まれ,苦手意識のある国語や算数の学習においても積極性が見られるようになっています。

 POINT

得意とする教科に対する意欲的な態度を認め,本人のよさとして評価する。自己肯定感を高めることを通して,苦手意識のある教科への関心を徐々に引き出していく。

学習成果 ▶ 学習成果に偏りやむらがある

 子どもの様子
運動への苦手意識を払拭しようと努力している子

[所見文例]

✎ 体育に対する苦手意識を持っているようですが，マット運動では身体の柔らかさ生かして，次々に新たな技を自分のものにしていきました。身体を動かすことへの抵抗感が薄れ，次は鉄棒に挑戦したいと意欲を示しています。

✎ 体育のリレーでは，転んでしまった友達を応援し続け，チームの雰囲気を明るくしました。来学期は，放課後に○さんと一緒にボール運動に挑戦する予定です。運動に親しむ経験を増やしていきましょう。

 POINT

運動に関する課題を段階的にクリアして，自分自身の目標に近づいている現状を知らせる。具体的な事例を通して成果を具体的に伝え，今後の学習への意欲を高める。

 子どもの様子
得意教科でしか努力しようとしない子

[所見文例]

✎ 得意科目の算数では，着実に成果が上がっています。音楽では，○さんの気持ちを歌と言葉で表現し，センスのよさが光りました。国語と音楽も得意科目になるよう，表現力に磨きをかけていきましょう。

✎ 歌うことが大好きで歌手が夢の○さん。音楽での活躍ぶりは目を見張るものがあります。国語や図画工作等，幅広い学習経験が，感受性や表現力に磨きをかけますから，バランスよく学習できるよう支援を続けます。

 POINT

得意教科を持っていることを評価する。将来に備え，自分のよさや可能性を広げることが大切であると伝える。本人が自覚していないよさにも気付かせていく。

学習全体

学習成果 ▶ 学習成果が上がった／下がった

 子どもの様子 どの教科においても，大きく成長した子

[所見文例]

- 自ら掲げた目標の達成を目指し，努力を積み重ね，成果を上げました。特に国語の学習を通して，発表力，理解力，文章表現力を向上させたことが，他教科の学習によい影響を与えています。活躍を期待しています。

- 常に課題の解決に向けて努力する学習姿勢が，好成績につながっています。簡単に答えを導き出すことがむずかしい問題こそ，取組み甲斐のある学習課題です。今後も挑戦を続け，さらなる飛躍を遂げるよう応援します。

 POINT

大きく成長した理由を明らかにし，今後のさらなる成長を遂げるための手掛かりとする。本人の努力を高く評価し，今後の見通しを持たせる。

 子どもの様子 飛躍的に成長した教科がある子

[所見文例]

- 連休中にも登校してヒマワリの観察を続けました。日記への記録を休まず続けたことと観察眼の確かさが，友達から評価されました。これを契機に理科の学習に対する自信が高まり，実験や話合いにも積極的に取り組んでいます。

- 社会科の「町の安全マップづくり」では，得意とする絵で表現する力を発揮し，作品の完成度に大きく貢献しました。友達からも絵による表現力が認められ，社会科に対する興味・関心が高まり，いまでは得意科目となっています。

 POINT

苦手意識の克服や得意教科に磨きをかけるためのがんばりを認め，評価する。今後，更に努力するポイントを示し，ほかにもよい影響を与えられるよう，意欲を引き出す。

学習成果 ▶ 学習成果が上がった／下がった

子どもの様子
全体的に成績が下がった子

[所見文例]

- 体調の関係で欠席が続きました。健康の回復を第一に十分に休養を取り，学習への英気を蓄えていきましょう。来学期は，漢字と計算のドリル学習から始め，さまざまなことに挑戦できるよう，支援を続けます。

- 来学期までの課題として，計算力を高めることが挙げられます。夏休みに集中して取り組めば，必ず成果は上がります。登校日に補習教室で一緒に勉強し，9月からの学校生活に備えていきましょう。

POINT

成績が下がった原因を分析し，今後どのような指導が効果的か，家庭と相談していく。場合によっては，医療や福祉などの相談機関の活用も視野に入れていく。

子どもの様子
成績が下がった教科がある子

[所見文例]

- 算数の応用問題でのつまずきが，算数全体の成績に影響を与えてしまいました。何が問われているのか明確にする学習を繰り返し行っています。家庭学習用プリントも活用し，理解が定着するよう指導します。

- 体育ではボール運動が得意です。今学期は苦手意識のある鉄棒やマット運動の授業が続き，○さんの目標達成が叶いませんでした。休み時間にも練習を重ね，もう一息で技が完成します。応援し最後まで見届けます。

POINT

原因を分析し，具体的に説明する。本人のよさを認め，意欲をなくさないよう配慮する。子どもの主体性を尊重し，自身で設定しためあてが達成できるよう支援する。

学習全体

学習への取組み方 ▶ 意欲・積極性

子どもの様子
好奇心・探究心が旺盛な子

[所見文例]

✎ すべての教科の学習に意欲的に取り組んでいます。特に社会科では,「水の行方」について課題を設定し,グループでの学習をリードしました。学習の過程で育まれる思考力や表現力が更に高まるよう,支援を続けます。

✎ 動植物の飼育・栽培活動に熱心に取り組みました。特に植物の観察については,ご家庭でもヘチマの栽培を始め,生長のための条件を比較しています。はぐくまれた探究心を大切にし,今後も多方面で活躍できるよう,支援を続けます。

 POINT

学習意欲が旺盛で,前向きな学習姿勢を具体的に伝える。好奇心や探究心に磨きをかけることにより,更に学力が伸びること,活躍の幅が広がることを伝える。

子どもの様子
不得意な教科にも学習意欲が湧いてきた子

[所見文例]

✎ 「毎日1ページの計算ドリル」の目標を見事に達成しました。算数の授業中の発言が増え,学期の後半には,練習プリントを持ち帰り,自分で復習にも取り組むようになりました。努力の成果が着実に表れています。

✎ 学習発表会の群読を契機に,読むことへの興味・関心が高まりました。司書と連携し,○さんの好みに合った分野の本を紹介しています。これからも読書を楽しみ,○さんの想像力に磨きをかけていきましょう。

 POINT

努力を重ね,苦手意識を持っていた学習を克服しつつある状況を伝える。取組みの成果を評価し,今後も学習意欲を維持・向上できるよう激励する。

学習への取組み方 ▶ 意欲・積極性

子どもの様子
授業にまじめに参加している子

[所見文例]

✎ 算数や理科では,積極的に発言の機会を求め,自分の考え方をわかりやすく説明しています。この力を礎に,総合的な学習の時間では,課題を設定し調べる学習に挑戦してみましょう。活躍場面が増えていきます。

✎ 総合的な学習の時間で○さんの疑問が学習テーマを設定する際のキーワードとなりました。疑問を追究することの楽しさに気付いたのではないでしょうか。この経験を生かし,身近な問題を自由研究で取り上げ,調査などの活動にも挑戦してください。

 POINT

授業にまじめに参加し,学習内容を確実に理解していることを評価する。課題を見付け解決する学習の楽しさや重要性を説き,今後の指導方針を伝える。

子どもの様子
やればできるのに,意欲が続かない子

[所見文例]

✎ 本人と相談し,計算ドリルを5分間集中して取り組むことから始めることにしました。いっそうの効果を得るためにご家庭でも同じ取組みをお願いします。○さんの力を引き出し,成長をともに支えていきましょう。

✎ 地域の自然や暮らしに興味があり,社会の授業で光る発言がありました。○さんと相談し,「一日一発見」を目標に,気付いたことをメモする活動を自主研究として行うことにしました。応援をお願いいたします。

 POINT

きっかけさえつかめば,伸びる可能性が十分にあることを伝える。自分にもできそうだと思える支援の方策を具体的に示して子どもを支援し,意欲を高めていく。

学習全体

学習への取組み方 ▶ 意欲・積極性

 子どもの様子
まじめに努力するが，自信がないように見える子

[所見文例]

✎ 総合的な学習の時間の際に訪れた，高齢者施設で出会った○さんから，「○さんの誠実な姿勢がすばらしい」とほめられました。○さんの誠実さはふだんの学習態度にも表れています。自分のよさを武器に，新しいことにも挑戦していきましょう。

✎ 課題に対してひたむきに取り組み，着実に成果を上げています。更に効果的に学ぶための方法として，友達に質問する・友達から意見を聞くなどの活動を勧めています。わかったことを，○さんが得意とするイラストで表現することも効果的です。

 POINT

まじめな努力を続け，ものごとをやり遂げている姿を評価する。その子どものよさを見い出し，自分自身への肯定感が高まるよう，指導・助言する。

 子どもの様子
授業の内容がわかっていても，なかなか発言しない子

[所見文例]

✎ 友達の話を受け止め，理解した内容を的確にまとめています。グループ活動では，○さんの意見をきっかけに学びが深まる場面が，何度もありました。来学期は，学級全体の場で発言することにも挑戦していきましょう。

✎ 社会科の学習で，○さんが新聞に載っていたおもしろい意見を紹介したところ，多くの友達が「参考になる」と感心していました。来学期は，得意な社会の授業で発言する機会を増やすことに挑戦し，活躍の場を広げていきましょう。

 POINT

学習の理解が順調に進んでいる状況を評価する。自分の思いを友達に伝え，多様な意見を参考に自分の考えを深めていくことも大切であると伝える。

学習への取組み方 ▶ 意欲・積極性

子どもの様子
積極的に挙手するが,発言の内容に深まりがない子

[所見文例]

- どの教科の学習においてもよく挙手し,自分の考えを発表しようとしています。この積極性を生かすために,発言するときは,友達の意見をよく聞いて比べ,相違点・共通点を考えるよう,指導を行っています。

- 「時間内に問題を解く」という目標を達成し,計算が速くできるようになりました。いまは解答の精度を高めるために,検算の仕方を勉強中です。間違えた理由などを明らかにし,発言内容を充実させていきましょう。

 POINT

全体の前で発言できる積極的な姿勢を評価する。発言の内容を深めていくには,友達の意見を参考にすることが有効であると伝え,傾聴の意欲を引き出していく。

子どもの様子
他人を否定する発言を繰り返す子

[所見文例]

- グループ学習では積極的に発言し,活動の推進役となりました。更に充実した活動とするには,メンバー全員が話合いに参加してよかったと思えるような進め方が必要です。今後は,そのポイントについて指導します。

- 見通しがあり,効率よくものごとを進められます。学級会の司会を経験し,友達には多様な考え方や意見の表し方があり,それを尊重しながら話合いを進める大切さを学びました。今後の実践に生かせるよう指導を続けます。

 POINT

発言が多いなどの積極性は,長所であると伝える。グループ活動における,友達との関わりの中で,互いのよさを認められるよう指導していく。

学習全体

学習への取組み方 ▶ 集中力・根気強さ

子どもの様子
常に集中して学習に取り組んでいる子

[所見文例]

- 理科の学習では，集中力を発揮し，葉先の部分まで観察して図鑑のようなカードを仕上げました。国語の学習として取り組んだ日記にも，学ぶ楽しさが記されています。集中力の高まりが，どの教科の学習にもよい影響を与えています。
- どの授業でも発揮される集中力に感心しています。学習の基本である「話す・聞く・読む」すべてに積極的な姿勢は，学級のよき手本となっています。この集中力を維持・向上させ，得意分野を広げていきましょう。

 POINT

集中して学習に取り組んでいることを評価し，成果として表れていることを知らせる。新たにできるようになったことを具体的に評価し，学習意欲を高める。

子どもの様子
むずかしい課題にも粘り強く取り組む子

[所見文例]

- 音楽会ではリーダーとして学級をまとめ，ピアノ伴奏の大役も見事に果たしました。音楽の授業に加え，放課後や早朝の自主練習の成果です。むずかしい課題であればあるほど，やる気が高まる積極性は○さんの優れた長所です。
- どのような課題にも真摯に向き合い，自分で必ずやり遂げる強い意志を持っています。特に，誰もがくじけそうになる場面においても，みんなを元気付けるような働きかけを行い，友達からも信頼されています。

 POINT

むずかしい課題にもあきらめることなく取り組み，努力を続けている姿勢を評価する。明らかになっている成果を具体的に伝え，学習意欲をよりいっそう高めていく。

学習への取組み方 ▶ 集中力・根気強さ

 子どもの様子
根気を必要とする作業にも粘り強く取り組む子

[所見文例]

- 大道具係として、背景画の担当を務めました。根気強さが必要な作業に最後まで集中して取り組み、場面絵を完成させました。その後もこの経験を生かし、総合的な学習の時間のアンケート調査のリーダーとして活躍しています。

- 学級のニュース係として定期的に新聞を発行しました。校長先生から「読むのが楽しみ」との感想をいただくほどの内容で、○さんの取組みは、学級の誇りです。来学期、さまざまな場面での活躍を期待しています。

 POINT

日々の粘り強い努力の積み重ねが、学習の成果につながっていることを知らせる。今後、ますます成長する可能性が十分にあることを伝え、自信を持たせる。

 子どもの様子
授業以外のことに興味・関心が移りがちな子

[所見文例]

- 発想が豊かな○さんです。今学期一番前の座席で学習に取り組むように決めたところ、集中する時間が伸びてきました。来学期はヒントカードを用意する等の工夫も行い、指導を続けます。

- もともと興味・関心の幅が広いこともあって、話合いに夢中になると、話題がテーマから逸れてしまうことがありました。ノートに1時間のめあてを記入し、確かめながら学習活動を進め、成果を上げています。

 POINT

学習ルールを確立するための指導を徹底する。子ども同士の何気ないやり取りやつぶやきの中から、光る言葉を意図的に取り上げ、学級内に広めていく。

「学習全体」

学習への取組み方 ▶ 集中力・根気強さ

[子どもの様子] 困難にぶつかると、あきらめがちな子

[所見文例]

- 自分には無理だと思い込み、チャレンジする機会を逃してしまうことがありました。順序よく進めれば、問題を解決する力は十分に持っています。○さん用の個別課題を用意します。一緒に挑戦していきましょう。
- 運動会での成功経験が○さんの意欲を高めたようです。体育では、跳び箱で目標の段数を見事に跳べるようになりました。来学期も、○さんが意欲的に取り組めるような挑戦の機会を複数用意し、一緒に練習する予定です。

 POINT

結果が出る前にあきらめてしまい、十分に力を出し切れていない状況があったことを知らせる。得意分野での成功体験を生かし、努力すれば必ず成長することを伝える。

[子どもの様子] 不注意によるミスが目立つ子

[所見文例]

- 理解力が高く、短時間で作業を終えることができます。いっぽうでつい早さを競ってしまう癖があり、不注意なミスが生まれ、実力が出し切れないことがありました。自分の学習を振り返り、見直す大切さを指導していきます。
- ○さんの力ならできるはずの問題を間違えてしまうことがありました。見直しや確認を行えば、間違いを防ぎ、確実に正答する力を持っています。来学期は振り返りカードを用意し、自分で見直す習慣をはぐくんでいきます。

 POINT

問題を解く力は十分にあるものの、見直し等が足らずに間違えてしまう状況があったことを知らせる。検算などを繰り返し行い、確認する習慣を身に付けるよう指導する。

学習への取組み方 ▶ 集中力・根気強さ

 子どもの様子
じっくりと考えるのが苦手な子

[所見文例]

- グループ学習の課題設定の際に，豊かな発想に基づく意見を発表し，友達から支持されています。今後は，新たな知識や友達の意見をメモに残し，自分の考えを深めるために活用することを指導していきます。

- 短時間で立式し答えを導くことができるようになり，算数の文章題が得意になりました。今後，思考力をさらに高めるためには，式の意味や考え方を説明する学習が効果的です。来学期一緒に，挑戦していきましょう。

 POINT

まず，直感力に秀でているなど，よい点を評価する。時間をかけてものごとに取り組み，成果を上げた事例を紹介し，今後，努力する方向性を伝えていく。

 子どもの様子
授業中に離席してしまう子

[所見文例]

- 疲れが溜まっているとき，急な予定変更で見通しが立たないときなどに，離席してしまうことがあります。連絡帳の情報等を参考に，○さんの状態に応じた方法で課題を提示するなど，丁寧な指導を続けていきます。

- 算数の授業などで，順序立てて思考する楽しさを感じているときには集中力が続いています。意欲が途切れる前に試みるリフレッシュの方法を，○さんと考えました。来学期はこの方法を試行していきます。

 POINT

離席したときの状況を分析し原因を探る。家庭の協力を得て，本人のニーズにあった支援を行っていく。場合によっては，専門家の助言を得ることも検討する。

学習全体

学習への取組み方 ▶ 自主性・主体性・計画性

子どもの様子
めあてに向かって学習に取り組んでいる子

[所見文例]

- 地域の集いで「リコーダーの演奏を楽しんでもらう」という目標を達成するために練習を重ねました。当日は、多くの方々から賞賛の言葉をいただき、自信を深めました。今後も新たな挑戦を続けていきましょう。
- 百人一首に興味を持って取り組み、カルタ大会で優勝しました。休み時間も熱心に暗記する姿は、みんなの模範となりました。めあてを持って努力し、達成した貴重な経験を今後に生かせるよう、支援を続けます。

 POINT

めあての達成に向け努力した様子を取り上げ、評価する。各教科の特質を踏まえた主体的な学習態度を身に付けると、さらなる成長が期待できることを伝えていく。

子どもの様子
宿題や学習準備を忘れずにできる子

[所見文例]

- 下校前に必ず、明日の授業に必要な持ち物を連絡帳に記入し、自分自身の目標も書き加えています。常に見通しをもった行動が取れ、忘れ物などもなく授業準備が整っているため、学習にもよい影響を与えています。
- 宿題など日々の課題を着実に行い、学び続ける姿勢がりっぱです。最近は、自分自身で課題を設定し、調べ学習に取り組み、自主的にノートを提出しています。この取組みを継続できるよう、支援を続けます。

 POINT

学習の基本的な姿勢が身に付いているため、学力が着実に向上していることを評価する。今後は、自主学習などに取り組むように勧め、更に意欲を高めていく。

学習への取組み方 ▶ 自主性・主体性・計画性

子どもの様子
学習準備や後片付けに計画的に取り組んでいる子

[所見文例]

- 書写の書き初め大会で，自分の作品を書き終えると周囲の片付けを始めてくれました。ほかの友達も○さんを見習ったため，時間内にすべての予定を終えることができました。今後も，よりよい行いを主体的に実践できるよう，支援を続けます。

- 次の授業の学習準備をきちんと整えてから，休み時間を過ごしています。課題意識が明確で学習への集中度が高く，着実に理解を深めています。学習スタイルを確立し，ますます活躍することを期待しています。

POINT
学校生活の場面をとらえ，具体的な事例を通して，成長の様子を伝える。友達に声をかけ，人のためになる行為を実践しようとする意欲と行動力を評価する。

子どもの様子
見通しを持って学習することが苦手な子

[所見文例]

- 算数の立方体でイメージがつかめず，一人で悩むときがありました。展開図を解体して考える方法を助言したところ，自分一人でも解ける見通しを持つことができました。「お助けカード」を用意し，質問しやすい工夫をしています。

- 見通しが明らかになると，俄然やる気が湧いてきます。家庭学習も教科やプリント等の教材を自分で選んで取り組めるようにしたところ，順調に成果が表れています。今後も○さんの状況に応じた支援を続けていきます。

POINT
「自分でできるようになったこと」と「今後に期待すること」を明確に伝える。自分の力で目標を設定し，実行に移せるよう支援を行う。

学習全体

学習への取組み方 ▶ 自主性・主体性・計画性

 子どもの様子
自分の考えに自信が持てない子

[所見文例]

- 消防新聞づくりでは，友達の意見を参考に自分の考えを深め，メモにまとめました。○さんのアイデアを紹介したところ，グループの友達もみんな感心しています。自分の考えを積極的に発表する自信が付きました。
- 相談を受けたときに「○さんはどう考えますか」と尋ねると，しっかりとした答えが返ってくるようになりました。自分の考えに自信が持てた証拠です。来学期も，自分の考えを深める学習に一緒に挑戦していきましょう。

 POINT

時間をかけてじっくりと課題に取り組む重要性を知らせる。一方的に答えや学習方法を示すのではなく，ともに考えていく姿勢で指導に当たることを伝えていく。

 子どもの様子
指示がないと，行動できない子

[所見文例]

- 「次の取組みは何か」と相談を受けることがありました。○さんが立てた計画を確認すると，すでに理解していることがわかりました。自分に自信を持ち活躍できる場面を増やすよう，支援を続けていきます。
- 一つの作業に集中するあまり，時間の切り換えができず，次の学習に移れないことがありました。学習予定を図で示したところ，新たな課題に向き合い，自分から進んで取り組むことができるようになっています。

 POINT

具体的な場面を取り上げて，状況を説明する。指示がなくてもできることがたくさんあることを伝える。指導の方向性を明確に示し，今後の見通しを持たせる。

学習への取組み方 ▶ 自主性・主体性・計画性

子どもの様子
宿題や学習準備が疎かになりがちな子

[所見文例]

🖊 宿題を忘れたときに○さんと相談し、放課後に取り組んだところ、短時間で終えることができました。その後は自分でできる分量の課題を、家庭で取り組んでくるようになりました。今後も努力を続けていきましょう。

🖊 学級通信や連絡帳を活用し、持ち物の点検を繰り返したところ、忘れ物をすることがなくなりました。学習準備が整っていると、学ぶ意欲が高まり、成果も着実に上がるようになっています。ご協力ありがとうございます。

 POINT

家庭環境に配慮しつつ、本人の意識を高めるための具体的な方策を示す。その子のよさを引き出せるような内容と方法の家庭学習の課題を提案する。

子どもの様子
学習の準備・後片付けが不得手な子

[所見文例]

🖊 理科の実験に興味・関心があり、作業にも主体的に関わっていました。実験道具の後片付けも、積極的に取り組めるよう、事前に役割分担を明確にしたところ、責任を果たし、友達からも評価されていました。

🖊 絵カードを使って各時間に必要なものを黒板に示すことにより、学習準備が手際よくできるようになりました。準備や片付けがうまくできたときの状況を記録し、成功体験を積み重ねられるよう、指導を続けます。

 POINT

片付け方や準備する物が何かを理解していないことが考えられる。説明の仕方や資料提示の方法を工夫して、成功体験を積ませ、苦手意識を減らしていく。

学習全体

学習への取組み方 ▶ 創意工夫

子どもの様子
創意工夫が学習成果に表れている子

[所見文例]

- 消防署の見学を契機に、インターネットや図書館で資料を収集し、新聞にまとめました。消防・救急・警察の仕事にも興味を持ち、くらしの安全を広い視野で考えられるようになったことは大きな成長です。
- 都道府県の学習では、各地の特産物が一目でわかる資料を作成しました。廊下に折り紙でつくった立体地図を展示すると、低学年の児童が見に訪れる程の評判でした。今後、ますますの活躍を期待しています。

 POINT

さまざまな学習に表れている、その子なりのよさを取り上げる。調べたり、まとめたりする活動の中での工夫を具体的に記し、成長の様子を伝えていく。

子どもの様子
改善のための努力を積み重ねている子

[所見文例]

- 総合的な学習の時間に手話に挑戦し、自分の気持ちが伝わるよう、表情や口の動きを工夫しました。交流会では積極的に関わりを求め、手紙のやり取りを約束していました。いまも文通が続いているのは、すばらしいことです。
- 地域の方々を交流給食に招待するに当たり、おもてなしの方法や内容をグループで話し合いました。インタビューを行う等の計画や実践力はすばらしく、参加者から「また訪問したい」との声をいただくなど、大好評でした。

 POINT

改善のための取組みが、どのような場面で行われたのか具体的に知らせる。総合的な学習の時間や行事の前後で大きく成長した様子を的確にとらえ、伝えていく。

学習への取組み方 ▶ 創意工夫

 子どもの様子
学んだことをほかの場面や生活に生かそうとする子

[所見文例]

✎ 音楽会では指揮者を務め、合奏をまとめあげるとともに、協力の大切さを学びました。この経験を生かして国語の劇づくりでは裏方を志願し、小道具づくりに力を入れるなど、全体の活動を支える役割を果たすことの大切さを学んでいました。

✎ 学習係として問題を自分でつくり、自習時間にみんなに挑戦してもらう取組みを進めています。国語や算数のドリル学習を積み重ね、自分に自信が持てるようになったからこその発案です。今後も取組みを続けていきましょう。

 POINT

各教科等の学習を通して身に付けたことを活用する場は、休み時間の係活動や登下校時の地域での活動など、さまざまにある。子どものよさを多面的にとらえ、記録しておく。

 子どもの様子
創意工夫で困難を乗り越えようとする子

[所見文例]

✎ 学年で取り組んだ学芸会では主役を希望し、セリフの暗記や練習を積み重ねてオーディションに挑み、合格することができました。その後の練習もほかの役の人とアイデアを出し合いながら上達し、すばらしい演技を披露しました。

✎ 大縄大会の成功を目指し、放課後の特別練習の提案を行いました。友達と声を掛け合ったり、コツを教え合ったりしながら練習に取り組みました。当日は記録を伸ばすことにも成功し、心に残る経験となりました。

 POINT

困難に直面したときこそが、成長するチャンスである。学級外の活動で大きく成長を遂げることもある。学年の教師が情報を共有し、子どものよさを記録に残しておく。

学習全体

学習への取組み方 ▶ 創意工夫

子どもの様子
発想が豊かな子

[所見文例]

🖉 算数で学習したことを応用し，総合的な学習の時間のアンケートの結果を棒グラフで表しました。全体の傾向が一目でわかるため，友達からも評価されました。応用力を発揮し，ほかの分野でも活躍が期待されます。

🖉 読書を通して身に付けた豊かな創造力が，独自の発想を生み出しています。特に図画工作でその力が発揮され，魅力的な作品が生まれています。ほかの場面でも自分の考えを積極的に発信できるよう，支援していきます。

POINT

授業中のつぶやきや日記・作品等の中に，きらりと光る子どもの一面を見付けることができる。提出物などには一言を書き入れ，子どもの自己肯定感を高めていく。

子どもの様子
同じ間違いを繰り返す傾向がある子

[所見文例]

🖉 新たな表現を用いるときには，辞書で意味を調べるようアドバイスしたところ，適切で効果的な言葉の使い方ができるようになりました。格言やことわざなどを取り入れ，工夫のある文章を書くようになっています。

🖉 計算ドリルの間違えた問題が正答になるまで，繰り返し学習する方法を○さん自身が考案しました。間違ってしまう理由を自分で分析し，改善に取り組んだ結果，不注意なミスが減り，学習の成果が確実に上がっています。

POINT

指摘されないままに時間が経過し，意識せずに同じ間違いを繰り返している場合がある。具体的な事実を取り上げて説明し，改善のための方策を説明する。

学習への取組み方 ▶ 創意工夫

子どもの様子
ものごとに柔軟な発想で向き合うことに不慣れな子

[所見文例]

- 俳句づくりのおもしろさに触れてから，作文や図画工作でも自由に自己表現することへの苦手意識が薄れてきました。これからも自分自身のひらめきを大切に，自由な表現活動を楽しめるよう，指導を続けていきます。

- 古い道具や昔のくらし学習のまとめに，新聞づくりに取り組み，郷土資料館の学芸員から助言を得て，語り部の話の記事にまとめました。専門家の力を借りるのはよい発想です。今後の学習にも役立てていきましょう。

POINT

自由な表現などを求めると，かえってむずかしさを感じてしまう子どもに対する支援の方法を伝える。新しいことに挑戦する姿勢を評価し，意欲を高めていく。

子どもの様子
模倣が多く，自分らしさを発揮できていない子

[所見文例]

- 授業での発言は多くありませんが，着眼点がよく，ユニークな発想でものごとを考えられるよさがあります。教室は失敗から学ぶ場所です。間違えることを恐れず，安心して挑戦できるクラスにしていきたいと思います。

- 作文や図画工作の作品づくりで，周囲の目が気になり，自分の個性的な表現を引っ込めてしまうことがありました。○さんのすばらしいアイデアや表現をみんなに紹介し，○さんが自信を持って自分を出せるようにしていきたいと思っています。

POINT

具体的な場面をとらえてその子らしさを認め励ます。成功体験を少しずつ積み重ねることで，自分への自信が持てるようなメッセージを伝えたい。

「学習全体」

学習への取組み方 ▶ 協調性

[子どもの様子]
人の話を最後まできちんと聞く子

[所見文例]

✎ 話を最後まで聞き，わからないことは必ず質問し，そのつど解決しています。学校の代表として「子ども未来会議」に参加したときにも，メモを取りながら集中して話を聞く姿がすばらしいと評価されました。

✎ 自分と異なる意見も受け止めようと努力します。いかなるときも，相手の立場を尊重し，自分の考えを伝え，わかり合おうとする姿勢はりっぱです。コミュニケーションの力を更に磨き，人との関わりを広げていきましょう。

 POINT

基本的な学習ルールを身に付け，着実に成果を上げていることを認め，今後に向けた意欲を高める。保護者に子どものよさが伝わるよう，具体的な姿を伝えていく。

[子どもの様子]
友達と協調的に関わりながら学習している子

[所見文例]

✎ 友達の考えを受けとめ，活動の方向性を示しながらグループでの取組みを進めています。活動にうまくとけ込めない友達には，さりげなく声をかけています。周りからの信頼も厚く，リーダーとして活躍しています。

✎ 体育の鉄棒では，練習している友達の補助に回り，逆上がりのコツをわかりやすく説明していました。ボールゲームでは転んでも，友達からかけられた「ドンマイ」の言葉に応え，全力プレーに徹していました。

 POINT

友達と協力し，成果を上げた具体的な事例を知らせる。子どもの成長の様子や，ほかの友達との関わりの中で身に付けた力について，具体的に取り上げながら伝えていく。

学習への取組み方 ▶ 協調性

子どもの様子
外部の人とも臆せずコミュニケーションできる子

[所見文例]

✎ 地域活動において，はじめて出会った大人からの質問にも答えることができました。社会科見学では，想定外の状況にも柔軟に対応し，必要な情報を聞き取ることができました。これらの経験を通してよりいっそう自信を深めることができました。

✎ 「未来のエネルギー」をテーマにアンケート調査や駅前でのインタビューを行い，情報を集めました。得られたデータを分析し，持続可能な社会の形成に向けた，自分たちのメッセージを発信しました。

POINT
人との関わりの中で育まれるコミュニケーション能力が，学習活動を活発なものにするために重要であることを説明し，指導の方針を伝える。

子どもの様子
前向きな言動で，学級全体に好影響を与えている子

[所見文例]

✎ リレーの学習では，目標タイムを達成するために，励まし合いながら練習に取り組みました。○さんが，日曜日の公園で個人練習に取り組んでいる情報が友達に伝わり，チームの絆がより深まっています。

✎ 運動会のリズムダンスでは，リーダーに立候補し，休み時間や放課後に友達を誘い，練習に励みました。振り付けのコツを身振り手振りで伝えるなど，一所懸命な姿が，仲間の意識を高めていきました。

POINT
学校における集団生活だからこそ，育まれる心情や態度があることを伝える。学級への帰属感が高まるよう，その子どものよさが反映された言葉や行動を知らせる。

学習全体

学習への取組み方 ▶ 協調性

子どもの様子
周りが見えなくなることがある子

[所見文例]

POINT

- 学習に熱中し過ぎて，周りの状況がわからなくなってしまうことがありました。話合い活動では，まず友達の意見を聞いてから，次に自分の思いをわかりやすい言葉で伝えるように指導を続け，徐々に身に付いてきています。
- 移動教室の経験を通して，グループ活動を成功させるために，自分の役割を果たすことが重要であることを学びました。これを契機に，困っている友達への手助けをしようとする意欲も生まれています。

学校生活は，友達との協力の上に成り立っていることを再確認する。これまでの経過とともに，今後，どのような対応を行っていくか指導の内容や方法を伝えていく。

子どもの様子
グループ学習にとけ込もうとしない子

[所見文例]

POINT

- 自分のペースで学習を進め，必ずやり遂げる強い意志を持っています。○さんのよさが更に伸びていくようなグループ活動を，今後も提供していきます。
- グループの友達から，指摘を受けるのではないかと心配しているようで，自分を表現することを抑えがちです。グループ学習は互いのよさを認め合う場であることを伝え，勇気を出して自分を表すよう励ますとともに，安心して話せる環境づくりに取り組んでいきます。

自分のペースで学習できる点は認めつつ，人との関わりの中で得られるものがあることも確認する。行った指導の内容や方法とともに，今後の指導の方向性について伝える。

学習への取組み方 ▶ 協調性

子どもの様子
自己中心的な行動をとることがある子

[所見文例]

✎ 自分の意見や強い意志を持っており、グループ活動でも積極的に友達に働きかけています。更に考えを深め、双方向の関わりができるよう、共通点や相違点を考えながら友達の意見を受け止めて聞く練習を行っています。

✎ 率直で的確な意見を述べられることは、〇さんの長所です。グループ活動を円滑に進めるために、友達の立場に応じた伝え方を工夫するよう指導しています。時には譲り合いの姿勢が必要なことも意識させていきます。

 POINT

長所や成長したことを認め励ました上で、現時点での課題を知らせる。改善のための方策や指導の方向性を伝え、ともに努力する姿勢を示す。

子どもの様子
コミュニケーションが苦手な子

[所見文例]

✎ 人と関わる多様な経験を積み重ね、自分の思いや考えをほかの人に伝える力が育っていきます。自分の発言に対する友達からの意見を聞くと、より伝わりやすい話し方や、自分の考えを深めるためのヒントを得ることができます。

✎ 国語の学習で身に付けた「話す・聞く」の力と総合的な学習の時間におけるさまざまな方々との出会いが、コミュニケーションの力を高めています。自信を持って人と関われるよう、来学期以降もさまざまな人と出会う場面を設定していきます。

 POINT

コミュニケーション能力を高めるための方策を知らせる。国語科の「話す・聞く」学習や周囲の人と関わる体験が、効果的であることを伝える。

学習全体

学習への取組み方 ▶ 考え方や情緒面での課題

子どもの様子
注意が散漫になりがちな子

[所見文例]

◆ 校庭にいる虫を次々に採集し名前を調べ，友達から「虫博士」と呼ばれています。授業への集中には課題がありますが，○さんの持ち前の集中力が発揮できるように，場面を多様に設定し，指導の工夫を行っていきます。

◆ 思いついたことのすべてに挑戦しようとするため，理解が深まる前に時間切れになってしまうことがあります。○さんの興味に合わせてテーマを設定し，一つのことに集中して取り組めるよう支援していきます。

 POINT

「いろいろなことに興味が持てる」「次々と興味が持てる」というよさを認めつつ，集中して学習に取り組むために，今後の指導の方向性を伝えていく。

子どもの様子
授業中の態度や気分にむらがある子

[所見文例]

◆ 目指す課題が明確になっているときは，意欲が高まり成果を上げています。意欲が起きにくい学習については，友達の意見を聞くこと，練習問題に取り組むことなどを勧め，学習のおもしろさに気付くよう指導していきます。

◆ 集中して努力する姿は友達の手本となっています。克服すべき課題は，失敗から立ち直るまでに時間がかかることです。振り返りを行い短時間で原因を分析し，前に進むエネルギーに変えていくよう支援します。

 POINT

むらがあるとは「よいときも悪いときもある」ということでもある。よいときを肯定的にとらえてより状況を長く続けるコツと，悪い状況から立ち直る方策を伝えていく。

学習への取組み方 ▶ 考え方や情緒面での課題

[子どもの様子]
現状に満足し，新たな課題に挑もうとしない子

[所見文例]

✎ 理科が得意です。実験クラブでは5，6年生とも仲よく活発に活動し，着実に成果を上げています。現状に満足することなく，今後も〇さんの興味・関心に基づく課題を設定し，得意分野を増やしていけるよう支援を続けていきます。

✎ どの教科もまじめに取り組み，成果を上げました。基礎・基本の力も定着しています。いまの〇さんなら，これまで挑戦したことのない応用問題などに取り組み，算数を得意とする可能性を十分に持っています。

 POINT
現在，明らかになっている学習成果を認める。今後，新たな課題を設定し，努力を積み重ねれば，更に成長する可能性があることを伝える。

[子どもの様子]
自分を甘やかしてしまう子

[所見文例]

✎ 絵本づくりでは自ら希望して挿絵担当になりましたが，興味が移ってしまうと作業が疎かになる場面が見られました。そこで授業の終末には振り返りを行い，自分がすべきことは何かを考える指導を行いました。

✎ 再テストに臨む際には，暗記するのではなく，間違えた理由を考え，正しい考え方を身に付けることが大切であると指導しました。繰り返し練習すること，自分から質問することなどが，できるようになっています。

 POINT
具体的な事例を通して，何が問題なのかを知らせる。今後の方針として，指導を継続的に行い，成果が明らかになるまで見届け，主体的な姿勢をはぐくんでいくことを伝える。

学習全体

学習への取組み方 ▶ 考え方や情緒面での課題

子どもの様子
自信がなく，引っ込み思案な子

[所見文例]

✎ 作業に時間がかかるのを気にしていますが，問題はありません。例えば，図画工作でつくった作品は見事な色づかいですばらしい出来映えでした。むしろ，自分の集中力に自信を持つよう，励ましているところです。

✎ 各教科のノートに授業で学んだことを整理し，理解を深めています。板書を写すだけでなく，気が付いたこと赤ペンや吹き出しで書き加えています。○さん独自の工夫を大切にし，来学期も続けていきましょう。

 POINT

誰にでも必ずよさがあるが，本人や保護者がそのよさに気付いていないこともある。子どもの実態を把握し，よさを見出す，またはよさを引き出す手立てを講じていく。

子どもの様子
テストの点数によって学習意欲が大きく左右される子

[所見文例]

✎ ○さんが「合格点は80点」と自ら定め，10回の漢字テストに挑戦しました。残念なことに最終回のみ75点で目標は達成できませんでしたが，平均点は93点と好成績でした。自信を持ちましょう。

✎ 理科の正しい知識を身に付けていることに加え「観察や実験が大好き」という姿勢が○さんのよいところです。テストで間違えたところは，復習し再挑戦してください。○さんの理科好きは誰もが認めるところです。

 POINT

テストの点数や通信簿の数値は，あくまでも一つの目安である。自分の努力の結果の一部を測る手掛かりとして活用し，多角的に自分のよさを見るよう伝えていく。

学習への取組み方 ▶ 考え方や情緒面での課題

[子どもの様子]
人の失敗をなかなか許せない子

[所見文例]

◆ 意見がまとまらないときこそ、互いの存在を認め合う絶好の機会です。まず、友達の中に、自分にはないよさを探しましょう。また、ほかの人が失敗した原因を考え、自分の問題としてとらえることも大切です。

◆ ミニサッカーでは、的確に指示を出すなど、リーダーシップを発揮しています。時折ミスに対して厳しく接してしまうことがあり自分でも反省していました。励まし合えるチームづくりに貢献することが、今後の目標です。

 POINT

本人のよさを認め伸ばしていくと同時に、誰にでも得手・不得手があることを再確認する。真に優れた人は他者の失敗に寛容になれる包容力を備えているとの考えで指導する。

[子どもの様子]
自分の失敗をなかなか認められない子

[所見文例]

◆ 全員リレーのバトンパスのミスは、予想外の出来事でしたがその後も誰一人としてあきらめることなく、励まし合い全力で走り続けました。○さんの日頃のがんばりをみんなが認め、心が一つになった結果です。

◆ 失敗したときこそ学ぶ機会ととらえ、原因を自身で振り返り、今後に生かしていくことが大切です。例えば学級会では、友達にどのような言葉かけをすればよかったのかなど、一緒に考えるようにしていきましょう。

 POINT

経験を通して学ぶことはたくさんある。特に失敗からいかに立ち直るかが大切である。原因を分析し、次のステップに役立てたからこそ、いまの成長があることに気付かせる。

学習全体

観点別にみた学力の特徴 ▶ 知識・技能

子どもの様子
計算力や記憶力に優れている子

[所見文例]

✎ かけ算やわり算の計算が得意で、算数の計算問題に意欲的に取り組んでいます。いっぽうで文章題には苦手意識があるようで、これからの課題です。図を書きながら文章を読むよう指導したところ、○さんも手応えを覚え、意欲が出てきています。

✎ 社会では、日本全国の地名と産業を正確に覚えていて、大変すばらしいです。来学期は、豊富な知識をもとに、地域ごとになぜその産業が発達したかを考えてみることを通して、活用の力を伸ばすよう指導します。

POINT

優れた能力を認めることを基本とし、知識やスピードで満足してしまう子には課題を具体的に指摘する。考えることの大切さを指導している点を保護者に伝えることも意識する。

子どもの様子
パソコンやインターネットなどの操作が得意な子

[所見文例]

✎ インターネットで検索したり、パソコンで文章を書いたりすることが得意なようです。来学期は、操作法を友達に説明したり、検索した情報について話し合ったりするという学習活動を通して、○さんの得意な能力を更に伸ばす指導をします。

✎ パソコン操作に優れ、必要な情報をインターネットですばやく収集できます。来学期は情報モラルについての学習にも取り組み、ルールについても理解を深めさせ、情報活用の能力を更に伸ばしていきます。

POINT

パソコンやインターネットに興味があり、操作も上手であることをほめる。情報活用の能力を今後どう伸ばしていくか示せるとよい。

観点別にみた学力の特徴 ▶知識・技能

子どもの様子
実験・観察の技能に優れている子

[所見文例]

✎ 社会科で清掃工場を見学した際は，説明してくださった職員のお話に熱心に耳を傾け，メモを取っていました。焼却炉の様子や，焼却されたごみが処分されるまでの工程を注意深く観察し，優れたレポートをまとめました。

✎ 理科でヘチマの苗を植え，成長の記録を詳しく観察ノートに書きました。葉の数や茎の伸びを毎日欠かさず記録し，経過がひと目でわかるようにと折れ線グラフで表しました。○さんのすぐれた観察の力を，来学期以降も伸ばしていきます。

POINT

実験や観察において，子どもがどのように活動していたかを記述したい。よくできていた点やエピソードを具体的に伝えることで，さらなる技能の向上につなげたい。

子どもの様子
辞書・事典など資料活用の技能に優れている子

[所見文例]

✎ 新出漢字を習った後，国語辞書や漢字辞書をめくって，「この字の由来は〜」「この漢字のつくりは〜」と調べていました。自ら知識の定着を行おうとして，辞書や事典をこまめに引くという，よい習慣が身に付いています。

✎ 課外学習でプラネタリウムに行った際，星座の名前に興味を持ったようです。後日，図書館のさまざまな資料から情報を収集し，星座新聞をまとめあげました。自分の興味を正しい知識として定着させるために，資料を上手に活用できています。

POINT

辞書・事典・資料を正しく扱い，知識の定着に活用できている点をほめたい。またその活動が学力にどうつながるかもあわせて記述するとよい。

学習全体

観点別にみた学力の特徴 ▶ 知識・技能

子どもの様子
覚えることが得意な子

[所見文例]

- 毎日自主的に音読と暗唱の練習に取り組み，詩をいくつも暗唱できるようになり，朝の会で披露してくれた際，大きな拍手が起きました。今後は，詩が持つ言葉の響きやリズムを意識すると，言葉のおもしろさを更に掴むことができるでしょう。
- 地図を見ることが大好きで，日本全国の都道府県と県庁所在地を全部覚えています。興味・関心を持って自ら学習に取り組めるのは，○さんの長所です。自主学習を応援しつつ，更に正確な知識を増やしていくよう，今後も指導していきます。

POINT

優れた点を具体的なエピソードとともに書く。また記憶したことが知識として定着され活用されていくことを期待することを伝えるとよい。

子どもの様子
努力家で豊富な知識を身に付けている子

[所見文例]

- 算数では数の仕組みを正しく理解しており，わり算や小数の筆算が正確にできます。毎日学校やご家庭で，継続的に練習問題やドリル学習に取り組んでいるからこそだと思います。これからも着実な学習を続けていけるよう，励ましていきます。
- 努力家で，クラスで取り組んでいる読書マラソンでは，「5,000ページを目指す」とはりきり，目を見張るペースで取り組んでいます。毎日の読書から得た知識や言葉のセンスによって，各教科の学習に早くも向上の様子が見られます。

POINT

優れた点を具体的なエピソードとともに書き，子どもの努力を認める。また，努力が学習の定着につながることを保護者にも伝え，家庭学習の支援につなげたい。

観点別にみた学力の特徴 ▶ 知識・技能

子どもの様子
基礎的な学習や練習が不足している子

[所見文例]

- 音楽のリコーダーでは，新しい曲に取り組むことが苦手なようです。音楽の授業では，楽譜の読み方や基本的な奏法をきちんと身に付けることで，演奏が上達します。新しい曲の練習にも積極的に取り組むよう意欲を喚起していきます。

- 算数の分数で帯分数と仮分数を学習しましたが，○さんは少し苦手意識を持ったようです。単位分数の表し方は理解しているようですから，今後は分数を扱う問題に慣れていくことが必要です。練習問題に意欲的に取り組むよう指導していきます。

 POINT

指導のポイントとして，今後どのように勉強をしていくことが望ましいかを伝える。特に苦手なもので，練習不足が原因である場合は，あわせて伝えたい。

子どもの様子
基礎・基本に課題がある子

[所見文例]

- 長文の読解に苦手意識があるようですが，文章の意味を一緒に考えながら読むと，「ああ，そうか」と理解を示していました。来学期は，文と文とのつながりを意識させながら読み進められるよう，個別に指導していきます。

- 算数の筆算では，九九のミスがときどきありました。かけ算や割り算が正確にできるためにも，九九を知識として正しく定着させることは大切です。○さんと個別に取り組む時間をつくり，知識の定着を図ります。

 POINT

幅広く取り上げると努力をする気持ちがなくなるため，特に課題のある基礎・基本を取り上げる。具体的な指導内容を保護者に伝え，家庭学習などを通した支援につなげたい。

学習全体

観点別にみた学力の特徴 ▶ 思考・判断・表現

子どもの様子
知識は豊富だが思考力・表現力に欠ける子

[所見文例]

- 漢字や言葉の意味に詳しく知識が豊富です。いっぽうで考えや感想文を書く学習となると，言葉が続かないことがあります。思い付いた言葉を口に出してみたり，メモに言葉を書き出したりしてから，文章を書くよう指導していきます。
- 植物や昆虫の名前をよく知っていて，意欲的に発表しています。今後は，春と夏の昆虫の種類や活動の違いなどを考え，比べるなどの学習を通して，知識を活用する力を身に付けるように指導していきます。

POINT

知識はあるのに表現が上手にできない理由として，知識の偏りと不十分な活用が考えられる。苦手な部分を克服させるために，どのように個別指導したのかを書く。

子どもの様子
学習課題や疑問を発見することが得意な子

[所見文例]

- 算数のわり算の学習では，問題を解いた後，自らノートに検算を書き出し，十の位に商が立つかを改めて確認していました。疑問をそのままにしないで解決することは，学習内容の深い理解につながります。大変すばらしい姿勢です。
- 算数では自ら進んで課題を見つけ，問題解決に取り組んでいます。その過程や考え方，解決策をみんなの前で発表しました。○さんの取組みが手本になり，自分の学習課題を見つけようとする雰囲気がクラスに生まれています。

POINT

学習の中で思考する上で大切なところがある。子どもが立ちどまりたいところがどこかを把握した上で，大切な学習課題にしっかりと取り組めていることを認める。

観点別にみた学力の特徴 ▶ 思考・判断・表現

[子どもの様子] 課題解決的な学習が得意な子

[所見文例]

- かけ算の式を立て、なぜその式になるのかノートにまとめることができました。教わったことをそのまま記憶するだけでなく、自分なりに課題を思い出しながら学習を進めています。
- 理科で昆虫のからだの育つ様子について観察し、チョウとバッタの違いに気付きました。そこから、自分なりの疑問をもち、自主的に学習を進め、「チョウの幼虫はさなぎに変身するけれど、バッタはさなぎにならない」とみんなの前で発表しました。

 POINT

自分で課題を見つけてその課題を解決していく力を発揮したことを記述する。学習過程における具体的なエピソードとともに伝えたい。

[子どもの様子] 身近な事象と結び付けながら学習している子

[所見文例]

- 料理が得意な○さん。総合的な学習の時間で日本の伝統文化について学習した後、地域に暮らす外国の方を招いて、日本の料理を調理、紹介し、日本のよさを説明し、「とてもおいしい」「日本がもっと好きになった」の言葉をいただきました。
- 社会科で昔の道具について調べました。近所の家にある昭和初期に使われていた古い道具を見せてもらいながら、使い方を取材し、写真や絵を使って新聞にまとめました。いまの生活との違いに注目した点がすばらしかったです。

 POINT

既習の内容や身近な事象と結びつけて考えていた具体例をエピソードとともに伝える。学習と生活を関連させて考える力は生きる力につながる大切な学習活動であることを伝える。

学習全体

観点別にみた学力の特徴 ▶ 思考・判断・表現

子どもの様子
分析して自分の考えをまとめることが得意な子

[所見文例]

- 清掃工場を見学し，ごみの行方や分別の仕方を具体的に学びました。後日，図書室の本やインターネットを使って更に詳しく調べ，地域のごみ問題について自分の考えをノートにまとめることができました。
- 理科で，乾電池の直列つなぎと並列つなぎの電流の違いについて実験を行い，実験前の予想をもとに，結果をノートにまとめました。これからも○さんが得意な仮説をもとに考える力が伸びていくよう指導していきます。

 POINT

筋道を立てて考え，自分の見解を導けている点を認める。中学年の発達段階における抽象思考の特徴や度合いを念頭において記述したい。

子どもの様子
批判的思考をもとに表現することができる子

[所見文例]

- 学級生活について話し合う場面では，友達の意見に対して，なぜ自分はこう思うかを具体的な例を挙げて違いを話すことができました。理論的に説明できる力や，常に話合いの目的に立ち返って意見を述べようとする力を身に付けようとする姿勢がりっぱです。
- 算数では「折れ線グラフ」と「棒グラフ」の特性の違いを理解し，課題に応じてどのグラフを使うとよいかを友達と話し合い，自分の意見をまとめて発表しました。

 POINT

話合い学習の目的に即して，いろいろな情報をもとに，自分の考えに正当性を加えていこうとする子どもの思考過程を大切にしたい。

観点別にみた学力の特徴 ▶ 思考・判断・表現

 子どもの様子
豊かな発想をもとに表現することができる子

[所見文例]

✎ 音楽の歌「ふじ山」では,歌詞の情景を想像しながら,どのように歌うとよいか表現を工夫しながら発表しました。○さんが何度も試行錯誤しながら歌の練習をしている姿が,友達にもよい影響を与えていました。

✎ 社会科で玉川上水を学習したことから,地域の上水にも興味をもち,課題設定をして意欲的に調べ,考えをまとめて発表しました。昔の人が水を引く際,どんな苦労があったかを考察できていた点がすばらしいです。

 POINT

子どもがどのような点に興味をもち,どのような工夫をしながら学習を進めていったかという姿をとらえて記述したい。また,ほかの子どもによい影響を与えている点も伝えたい。

 子どもの様子
原理や法則性を理解し表現に生かしている子

[所見文例]

✎ モーターカーづくりでは,乾電池の数を増やすとモーターの回転が速くなるという原理をよく理解し,スピードが出るよう工夫して製作しました。その後,製作の過程や実験結果を,順序立ててノートにまとめました。

✎ 算数では,四則の混合した式の計算の意味を正しく理解し,正しい答えを求めることができます。計算も早く正確で,答えの意味もきちんと説明ができます。原理・法則を理解できていることが,テストの結果にも表れています。

 POINT

原理や法則性の意味を表現している点,作品づくりに生かしている点を記述する。日ごろからよく観察し,具体的な場面やエピソードを取り出して,保護者に伝えたい。

学習全体

観点別にみた学力の特徴 ▶ 思考・判断・表現

子どもの様子
原理や法則性をとらえることが苦手な子

[所見文例]

🖉 算数のわり算では、商を立てることが苦手なようです。九九表を机に置いて一緒に考えていく中で、わり算の考え方について理解が深まっているようです。小テストにも、よい結果が反映されてきています。引き続き指導していきます。

🖉 体育のハードル走では、当初は自分に合った歩数と歩幅リズムがつかめずハードルが跳び越せませんでした。声でリズムを取りながら走る練習を進める中で技術が向上し、跳び越せるようになりました。

 POINT

何ができていて何ができていないか、具体的に課題を伝える。その上で、苦手な部分については、具体物を使って理解させるように指導したことなど、わかりやすく伝える。

子どもの様子
学習課題や疑問を見出すことが苦手な子

[所見文例]

🖉 社会科のごみの学習では、毎日出るごみの量をグラフで示したところその量に驚き、ごみを減らす工夫に興味を持って学習しました。資料をもとに追究する学習に興味を持った○さんが主体的に取り組めるよう、今後も工夫して指導します。

🖉 総合的な学習の時間では、考えるための手順や方法を示した上で「水」から連想することを学習課題に設定したところ、次々にノートに書き出し、追究しようとしていました。来学期も○さんが力を伸ばしていけるよう指導を工夫していきます。

 POINT

教師がどのように支援し、子どもがどのように変容したのかを、具体的に記述する。特に自分の興味の関心に基づいて学習を進めている様子を取り上げるとよい。

観点別にみた学力の特徴 ▶ 主体的に学習に取り組む態度

子どもの様子
パソコンやインターネットを活用して表現しようとする子

[所見文例]

- 地域のごみ集積所を調べる学習で，調査した内容を工夫して新聞にまとめることができました。デジタルカメラで撮った画像を利用し，パソコンを使って，トリミングに気を遣い，ふきだしなどを加えて，見やすさを高めようとしていました。
- 総合的な学習の時間に取り組んできた，学校の周囲の環境についてまとめたレポートを，学校のホームページ用に加工し，アップしました。更に，隣の学校にも発信し，情報交換も行いました。意欲的に取り組む姿勢がすばらしいです。

 POINT

総合的な学習の時間や教科の学習のなかで，ICTをどのように活用しようとしていたか，どんなよさがあったのかを具体的に記述する。

子どもの様子
ノートを見やすくまとめようとする子

[所見文例]

- 理科では，チョウの成長に関心を持ち，熱心に観察しました。アゲハチョウやモンシロチョウの幼虫の動きや，葉の食べ方をじっくり観察して，丁寧に図解して，ノートにまとめました。
- ノートの文字が丁寧で，始筆・終筆に気を付けながら丁寧な文字で書いています。大事なところは赤鉛筆を使ったり，絵や図を描いたりするなど，工夫してわかりやすいノートにまとめています。見やすいノートをつくって学習を振り返ろうとする姿勢がすばらしいです。

 POINT

どのような点に着目しているか，図や表を用いてわかりやすいように記述しているかなど，学習の目的にそってノートのまとめ方を工夫している姿を具体的に記述する。

学習全体

観点別にみた学力の特徴 ▶ 主体的に学習に取り組む態度

子どもの様子
発表に向けて主体的に取り組もうとする子

[所見文例]

✎ 磁石に興味を持ち，鉄が磁石になる理由をいろいろな本や資料，インターネットなどを使って自分で調べ，まとめました。学んだことのおもしろさをみんなに伝えようと，図を使って一目でわかるように工夫した発表では，みんなから大きな拍手が起こりました。

✎ 体育のマット運動では，めあてに向かって一所懸命に技の練習をしました。マット運動の発表会では，友達と一緒に動きを工夫し，練習していた技の披露を行い，見事に成功しました。

 POINT

自分の思いや考えを伝えるために，表現方法などを工夫しようとしている姿をとらえて，具体的なエピソードとともに記述する。

子どもの様子
人前での発表に積極的に取り組めない子

[所見文例]

✎ 人前で話したりすることに苦手意識を持っているようですが，音読発表会ではしっかりと発表することができました。自分の考えを発信することは大切な技術ですので，今後も発言・発表の経験を積ませていきたいと思います。

✎ 国語のノートには，読み取った登場人物の気持ちなどをしっかり書いていますが，発表することには消極的なようです。考えを発信することも大切な学習ですから，来学期は，隣席の友達や班など少人数で伝えていくことから慣れていきましょう。

 POINT

発表できていたことを具体的なエピソードとともに認める。また，ノートなどに自分の考えを書けていたことを認めつつ，今後の指導の方向性を伝える。

観点別にみた学力の特徴 ▶ 主体的に学習に取り組む態度

 子どもの様子
作業によって取り組む態度に差がある子

[所見文例]

✎ 算数の「箱の形」の学習では，面の形を正確に写し，手際よくつなぎあわせて，一番早く箱をつくりました。更に自分の作業後は，友達の作業を手伝いました。手際のよさも親切な態度も，○さんの長所です。

✎ 音楽で木琴の演奏を意欲的に練習していました。パート練習では音符をすばやく読み取り，間違えることなく演奏を仕上げることができました。グループ発表の時間には，大変すばらしい演奏を披露してくれました。

 POINT

苦手な作業を取り上げるのではなく，まずは確実にできているところを，具体的なエピソードを紹介しながらほめる。

 子どもの様子
自主的に学びを深めようとする子

[所見文例]

✎ 理科で，月と星の動きについて興味を持ち，図書室で調べようとしていました。さらに，月は東から西に動いていくこと，星の明るさや色には違いがあることなどを，自宅での自主的な観察を通して，理解を深めることができました。

✎ 学習発表会の劇では，「もっとセリフをください」と言うほど役に対する意欲があり，発声などの練習も一所懸命に取り組みました。劇の登場人物になりきって演技しようとする姿が，とてもすばらしかったです。

 POINT

子どもが主体的にいきいきと体験している様子など，具体的な活動の場面を記述する。自主的に学びを深めようとする態度がすばらしいことを伝える。

学習全体

観点別にみた学力の特徴 ▶ 主体的に学習に取り組む態度

 子どもの様子
際立った才能を発揮し周囲の手本となっている子

[所見文例]

- 鉄棒がとても得意で、さまざまな技に挑戦しています。どのようにすれば上手に逆上がりができるようになるのか、友達にコツを伝授していました。教え方がわかりやすく、クラスのよいお手本になっています。

- 音楽でのリコーダーの練習に、率先して取り組んでいます。タンギングと息の使い方に磨きをかけようと熱心に取り組み、むずかしい曲も美しい音で吹けるようになりました。音楽会での活躍が楽しみです。

 POINT

優れた特技はおおいにほめて伸ばしていきたい。成果だけでなく、取組みのプロセス、努力の様子にも光を当てながら記述する。人に教えていたエピソードにも触れるのもよい。

 子どもの様子
ドリル学習に着実に取り組んでいる子

[所見文例]

- 算数では、ドリル学習に意欲的に取り組んでいます。筆算の意味をしっかり理解し、計算問題を確実に解くことができています。着実な取組みが文章問題やテストの結果にも表れ、自信を深めているようです。

- 漢字に興味があるようです。国語で新しい漢字を習うと、漢字ドリルに意欲的に取り組むとともに、学習した漢字を使って文をつくりノートに書いています。一連の着実な取組みが知識を定着させ、テストの結果にも表れています。

 POINT

ドリル学習は、基礎・基本の定着につながる。意欲的に取り組んでいる姿や、テストの結果に表れている点は、積極的に認める。

観点別にみた学力の特徴 ▶ 主体的に学習に取り組む態度

［子どもの様子］
学習の振り返りをしようとしない子

［所見文例］

- 作文や文章を書くことが好きで，作業時間も早いのですが，漢字の書き間違いや誤字があることがあります。丁寧に確認しながら書き，提出前に見直すよう指導したところ，間違いが減ってきています。

- 運動が好きで，体育のマット運動や跳び箱運動にも積極的ですが，自分のできることだけに集中してしまうことがあります。まずは技のポイントやめあてをしっかり持つことが大事だということを指導しています。

POINT

学習作業の速さをほめ，更に伸ばすにはというスタンスで課題を述べる。特に作業を丁寧に行うことは大切であることを伝える。

［子どもの様子］
見通しを持って作業しようとしない子

［所見文例］

- 算数では課題への取組みで，間違いのないようにノートやプリントに解答を書いていきますが，授業時間内に終わらないことがあります。見通しを持って時間配分を意識しながら学習していくように，声かけを続けていきます。

- テストでは，わからない問題があると鉛筆が止まってしまい，時間内に最後まで問題を読めないことがありました。来学期は，時間配分を意識することと，わかる問題から解答を書いていくことを指導していきます。

POINT

作業が授業時間内に終わらないことがよくあることに触れる。決められた時間の中で，時間配分なども考慮しながら，見通しを持って活動するよう指導していくことを伝える。

学習全体

学習習慣・家庭環境・その他 ▶ 学習習慣

[子どもの様子]
予習・復習にしっかり取り組める子

[所見文例]
- 音読の宿題に毎日取り組んでいることで、音読に対する自信を深めています。授業で音読する際には常に積極的に挙手をするなど大変意欲的です。
- 家庭学習ノートで新出漢字の練習に自主的に取り組んでいるため、確認テストで間違えることがほとんどありません。
- 授業でわからなかったことやできなかったことは復習する習慣が身に付いているため、学校での学習に意欲的に取り組むことができています。

POINT
継続して家庭学習に取り組んでいることの意味や価値を、予習・復習の成果が出て、いきいきと学習に取り組めている子どもの様子を通して伝える。

[子どもの様子]
家庭学習の内容が充実している子

[所見文例]
- 毎日の漢字練習では、ただ書くだけではなく丁寧に取り組んでいることで、点画に気を付けたバランスのよいきれいな字を書くことができます。
- 授業で音読をする際には、聞き取りやすい大きさの声で、なおかつ正しい速さではきはきと読むことができます。
- リコーダーの演奏では、むずかしかったタンギングも家庭での練習の積み重ねとともに徐々に上手になってきました。いまでは、友達にやさしく教えてあげることができています。

POINT
家庭においても興味や関心を持って学習に取り組むことが、学校生活においていかに好影響をもたらしているかを、具体的なエピソードを交えて伝える。

学習習慣・家庭環境・その他 ▶ 学習習慣

子どもの様子
学習整理がきちんとできる子

[所見文例]

- 机の中がいつもきちんと整理されています。必要なものをすぐに取り出すことができるので，学習への取りかかりがスムーズです。
- 鉛筆をしっかり削ってくるなど，毎日の学用品の準備がしっかりできています。字も丁寧で，ゆとりを持って学習に取り組めています。
- 学習に必要な道具の準備が整っているのに加え，ハンカチを毎日新しくしてくるなど衛生面への意識が高く，手洗いやうがいにもしっかり取り組むことができています。

POINT
整理整とんができることがいかに自分の利益となっているかを，具体的な事例を踏まえて伝える。

子どもの様子
よく読書している子

[所見文例]

- 本が好きで，図書の時間などに集中して読んでいます。話し言葉より書き言葉の方が多種で，表現も細やかです。本を読むことで言葉の貯金が貯まっていくので，今後も継続してほしいです。
- 語彙が豊富で，作文などで自分の気持ちを的確に表現することができます。日頃の読書のたまものです。
- 本の紹介活動では，自分の読んだ本のおもしろかったところを的確に話すことができるなど，日頃の本好きが生かされました。

POINT
読書の効果は，ほかのさまざまな学習にも表れる。読書することの意味や価値を伝え，継続を促す。

学習全体

学習習慣・家庭環境・その他 ▶ 学習習慣

[子どもの様子]
宿題や学習準備がなかなかできない子

[所見文例]

🖊 連絡帳を見て、宿題や翌日の学習準備をしっかりできるようになりました。忘れ物のない日は授業にもしっかり集中して取り組めています。お家の方の継続的な支援と本人の努力が成果となって表れてきています。

🖊 宿題で取り組んだことが成果となって表れていることを大いに認め、取組みの努力と姿勢をほめました。このような評価の積み重ねが自信となり、更に意欲が高まることが期待できます。

 POINT

宿題や学習準備の習慣が身に付くことでどのようなメリットがあるかを伝え、改善に向けて具体的な取組みと期待を伝える。

[子どもの様子]
予習・復習への意欲が低い子

[所見文例]

🖊 わり算の学習では、授業中に十分理解できなかったことを家でしっかり復習したことで、次の時間は積極的に挙手するなど意欲の高まりを感じました。国語では音読の予習をすることで、授業に積極的になっています。予習・復習の大切さに気付くとともに、楽しさも味わうことができました。

🖊 新出漢字や語句の意味調べに意欲的に取り組んでいます。その成果が表れ、漢字を確実に身に付けることができました。今後も継続していけるように励ましていきます。

 POINT

予習や復習の意味を伝え、少しでも成果が表れてきていることを具体的に示しながら意欲の高まりを促す。

学習習慣・家庭環境・その他 ▶学習習慣

子どもの様子
予習・復習をなかなかしない子

[所見文例]

✏ わり算ができるようになり，充実感を味わえたようです。家庭学習をがんばってきた成果ですね。習熟まであと一歩です。繰り返し練習して身に付けられるよう励ましていきます。

✏ 今日は学校でどんな勉強をしたのかな？と問いかけられたときに，振り返って説明することが復習になります。ご家庭で楽しみながら，親子の会話を通して振り返り学習をサポートしてあげてください。

POINT
不可欠である家庭の協力を得られるよう，家庭学習の積み重ねの先にある姿を提示したり，予習・復習のポイントを伝えたりする。

子どもの様子
家庭学習や読書の習慣が身に付いていない子

[所見文例]

✏ 漢字10問テストではじめて全問正解したときに大いに喜びました。家庭で勉強した成果の表れです。家庭学習の取組みによってやる気が生まれ，自信につながります。継続できるよう，見守ります。

✏ 少しずつ読書に取り組めるようになってきました。さらに家庭学習の習慣を身に付けられると，学力の定着につながります。「1週間に○ページ」と自分で目標を設定して家庭学習ノートに取り組むよう声かけをしていきます。

POINT
家庭の協力を得られるようにするため，家庭学習の取組みの成果を伝える。また，家庭学習の楽しさや大切さを味わわせるための手段も伝える。

学習全体

学習習慣・家庭環境・その他 ▶ 家庭環境

子どもの様子
学習面からみて家庭環境に恵まれている子

[所見文例]

- 「10年後のわたし」の授業では，お家の方がご自身の二十歳の頃の思い出や○さんへの期待を丁寧に話してくださったことで，内容はもちろんのこと，そのお話ぶりからも愛情を受け止めることができたようです。学校で楽しそうに発表することができました。
- 音楽ではリコーダーをいち早く覚え，友達に教えてあげることができました。ピアノの習い事が自信にもつながっています。今後も楽しみながら続けられると，いっそう励みになると思います。

 POINT

家庭での言葉かけや励ましが，子どもの学習意欲の高まりにつながっていることを具体的なエピソードを交えて伝える。

子どもの様子
保護者の関心が高く，自身もがんばっている子

[所見文例]

- お家の方と一緒に地域行事などへ参加していることが，地域に愛着を持つ心を醸成しています。多くの大人に声を掛けられ，ほめられることで心の安定と自信につながっています。
- 地域調べの学習のあと，お家の方と街を歩き，さらに詳しく調べたことを盛り込んで発表してくれました。ご家庭の関わりが意欲を高めています。
- 家庭でさまざまな生き物を飼っていることから，学校の動植物の世話や観察を進んでやってくれます。観察日記も丁寧にまとめることができました。

 POINT

現在の保護者の関わりと子どものがんばりを高く評価し，今後も保護者が子どもに寄り添う中で継続して取り組めるよう伝える。

学習習慣・家庭環境・その他 ▶ 家庭環境

子どもの様子
萎縮している子

[所見文例]

- 間違えることを恐れず，授業中の挙手の頻度が上がっています。間違えてもそこから学んだり自分で修正したりできるよう，今後も継続して見守っていきます。
- 係や当番では自分で選んで主体的に取り組もうと努力できました。何かに取り組むことへの意欲は失敗を恐れないことや挑戦することの楽しさを十分味わってはじめて高まります。意欲の高い人は他人の失敗に寛容で，笑顔で包める人になります。今後に大いに期待しています。

POINT

成長した点を伝え，更に自信を持って取り組むことができるよう，保護者に協力を求める点を具体的に提案する。

子どもの様子
なかなか自立ができない子

[所見文例]

- 苦手意識のあった図画工作の作品づくりは，周りの友達のやり方を見て工夫を加えながら，徐々に上手になっています。直接教えるより自信を深めることができるので，自らの気付きを大切にできるよう今後も見守っていきます。
- 総合的な学習では，町探検で集めた情報をもとに，自分で更に調べたい課題を見付けることができました。教師が助けなくても，自ら気付き課題を設定できたことを大いにほめ，更なる意欲につながりました。

POINT

子どものよさや成長した点を具体的に示しながら，保護者が介入したくなる気持ちをぐっとこらえて，子どもの主体性を育てることの大切さを伝える。

> 学習全体

学習習慣・家庭環境・その他 ▶家庭環境

 子どもの様子
家庭環境が整っていない場合

[所見文例]

- 絵を描くことが大好きで，時間を見付けては自由帳に描いています。あいさつ運動のポスターは○さんに描いてもらいました。素敵な作品です。学校掲示板に貼ってありますのでご家庭でもぜひご覧になり，話ができるとよいと思います。
- 音読カードの保護者欄に励ましのコメントを書いてもらったことがよほど嬉しかったらしく，満面の笑みでカードを見せてくれました。家庭でのほんの一声，ちょっとした声かけが子どもの心を温めてくれています。

 POINT

保護者が学校教育に関心を持ち，子どもの話をよく聞いてあげることが，子どもの喜びや意欲づけになることを伝える。

 子どもの様子
保護者の関心が低い場合

[所見文例]

- 登校するなり「今日は鉛筆を削ってきました」と言って筆箱の中を嬉しそうに見せてくれました。聞くと，お家の方と一緒に削ったとのこと。とがって整った鉛筆も嬉しいでしょうが，何より「一緒に」というお家の方の寄り添いが満面の笑みを生み，授業中の集中につながっていました。
- 朝，笑顔で登校し元気にあいさつしながらおいしそうな朝食の話をしてくれるときがあります。朝食の充実が○さんの生活リズムを支えてくれているようです。

 POINT

子どもに対する家庭の関わり方がいかに大切であるかを具体的事実に基づいて伝え，家庭での指導改善を促す。

学習習慣・家庭環境・その他 ▶ 家庭環境

子どもの様子
保護者が子どもの課題に気付いていない場合

[所見文例]

✎ 集団のルールに従って行動することの大切さを，運動会の練習を通して考えることができました。並ぶときに並ばなければ，大好きなかけっこができないと気付き，しっかり待つことができるようになってきました。ほかのことにも広げていきます。

✎ 掃除の時間に一緒に取り組むと，ほかの先生からもたくさんほめてもらえ，気持ちよく進んでやることができました。ほめることで成長を促していきます。

POINT

子どものよさを認めるとともに，指導の成果を示し，保護者とともに改善に向けて取り組むことができるような所見にする。

子どもの様子
保護者が自信を持てていない場合

[所見文例]

✎ 朝しっかりとあいさつをすることができます。給食の時間は好き嫌いせずバランスよく食べることができます。これまでのご家庭での丁寧な指導のおかげです。また，友達にやさしく接する姿から，お家の方の人への関わり方を見て学んでいることがうかがえます。

✎ いつも鉛筆をしっかり削り，持ち物にもしっかりと名前が書かれていることで，気持ちにゆとりを持って学校生活に臨んでいる様子がうかがえます。ご家庭の支えが豊かな心を醸成しています。

POINT

保護者の中にも自尊感情が低く不安にさいなまれている方がいる。子どもの成長の多くは家庭の教育力の成果であることを伝え，親子とも自信を持たせることが大事である。

学習全体

学習習慣・家庭環境・その他 ▶ その他

子どもの様子
欠席が少なく元気に登校できる子

[所見文例]

- 欠席が少なく，元気に学校に通うことができました。たくさん授業を受け，たくさん友達と遊び，多くのことを学ぶことができました。この調子です。今後も見守っていきます。
- 毎朝の健康観察では「元気です」の言葉をたくさん言うことができました。これは，しっかり睡眠を取ってしっかり食事をするなど体調管理を続けた成果です。来学期も休まず元気に登校することを目指しましょう。

 POINT

なかなかほめることが少ないと感じる子でも，視点を変えればよい点はある。学校を休まず元気に登校するというのはすばらしいことである。しっかり見取り伝える。

子どもの様子
転入してきた子

[所見文例]

- 緊張した転入の翌日，学級の友達と学校探検を行いました。話をするよいきっかけになったようで，表情も和らいできています。今後もさまざまな場面で友達と関わりを持てるようにし，さらなる笑顔につなげていきます。
- 転校してきたその日から，先生やクラスの友達と校庭で鬼ごっこをして遊びました。よほど楽しかったのか，翌日もみんなと一緒に校庭に出て行きました。友達と遊びながら少しずつ打ち解けている様子がわかります。

 POINT

友達と関わる場面に教師も立ち会い，少しずつ慣れてきている様子を具体的な事例とともに表現することで，保護者に安心感を与える。

学習習慣・家庭環境・その他 ▶ その他

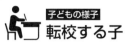

子どもの様子
転校する子

[所見文例]

 POINT

- 朝は昇降口から友達に元気にあいさつをするなど、よりよい人間関係を自ら結ぶ力を持っています。新しい環境にもすぐに適応し、たくさんの友達をつくることと確信しています。
- 友達が困っているとすぐにかけ寄って声を掛けるなど、友達づくりの上で最も大事な状況判断ができます。いままでの様子を考えると転校して数日もしないうちに、友達と笑顔で関わることと思います。こちらの学校と転校先の学校とで、友達の輪がさらに広がっていきます。

転校することへの不安解消のため具体的事実を挙げ、転校先での友達関係についての不安を和らげ期待へと変える。転校を前向きにとらえられるような言葉かけとしたい。

子どもの様子
新学年に向けて励ましたい場合

[所見文例]

 POINT

- 授業中の話合い活動では、自分の思っていることを相手に伝えることができるようになってきています。進級したら、新しい友達と休み時間や放課後など、さまざまな場面で関わっていくと更にコミュニケーションの力が伸びていきます。
- 漢字や計算の反復練習もご家庭の支援で飛躍的に丁寧になってきました。その丁寧さが書き取りの正解率やミスのない計算につながりました。次の学年では更にたくさんの漢字や複雑な計算を学習しますが、反復練習を継続していってください。

今までの学びや育ちに意味付け価値付けをすることで自信を付け、新たな目標を提示し、次への意欲を高める。

学習全体

学習習慣・家庭環境・その他 ▶ その他

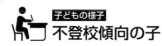
[子どもの様子]
不登校傾向の子

[所見文例]

✎ 登校して教室に入ってしばらくすると，登校時の表情とは打って変わって，みんなと楽しく活動することができます。まだしばらくは登校の際，お家の方の協力が必要かと思いますが，教室での笑顔を見ていると，それも必要なくなるときは近いと思います。

✎ まだ登校に気持ちが向くには少し時間がかかるかと思いますが，朝から教室に入って活動することを目標に，これからも，管理職を中心に，学年・スクールカウンセラー共々支援してまいります。

 POINT

教員があたたかく，そして，学校が組織的に寄り添うことで保護者の不安解消に努める。

[子どもの様子]
塾や習い事のマイナス面が気になる子

[所見文例]

✎ 既に理解している内容に取り組むときには，友達に教えたがるほど大変意欲的に取り組みます。今後は，人にわかりやすく伝える力や友達の意見を聞いて自分の考えを深める力を付けていくことを目標にしていきます。

✎ サッカーが大好きで休み時間も友達と夢中になって遊び，その関わりの中で人間関係調整力を付けています。月曜日の体調が優れないのは土日の練習や試合の影響だとすると，睡眠をしっかり取って体力の回復に努めてください。

 POINT

先取り学習していることが授業態度に影響している場合，学習の視点を変えるように伝える。運動などで疲れている場合には，体調面を気遣いながら意欲的な取り組みを促す。

教科学習

評価の観点と文例の分類について

　今回の学習指導要領では，各教科などの目標や内容が「知識及び技能」「思考力，判断力，表現力等」「学びに向かう力，人間性等」の三つの柱で整理されました。これらの資質・能力の育成に関わるのが，「知識・技能」「思考・判断・表現」「主体的に学習に取り組む態度」の観点別学習状況の評価です。

❶ 知識・技能

　「知識・技能」は，各教科などにおける学習の過程を通した知識及び技能の習得状況とともに，それらを既有の知識及び技能と関連付けたり活用したりする中で，ほかの学習や生活の場面でも活用できる程度に概念などを理解したり，技能を習得したりしているかについて評価するための観点です。

　本書では，おもに，知識や概念の習得状況や，知識や概念の習得に向けた器具や資料の活用状況などを評価する文例を分類しました。なお，ここでの知識は，事実に関する知識と手続きに関する知識（技能）の両方を含みます。

❷ 思考・判断・表現

　「思考・判断・表現」は，各教科などの知識及び技能を活用して課題を解決するなどのために必要な思考力，判断力，表現力等を身に付けているかどうかを評価するための観点です。

　本書では，おもに，①問題発見・解決していく過程，②自分の考えを文章や発話によって表現したり，考えを伝え合って互いに理解したり，集団としての考えを形成したりしていく過程，③思いや考えをもとに構想し，意味や価値を創造していく過程，を評価する文例を分類しました。

❸ 主体的に学習に取り組む態度

　「主体的に学習に取り組む態度」は，子どもたちが思考力・判断力・表現力を涵養するために，教科などの見方・考え方を働かせて学ぼうとしている際の，活動やコミュニケーションなどの様子を評価するための観点です。

　本書では，おもに，学習に対して粘り強く取り組もうとしている様子や，自らの学習を調整しようとする様子を評価する文例を分類しました。

参考文献：　中央教育審議会（2015）『教育課程企画特別部会における論点整理』
　　　　　　中央教育審議会（2019）『児童生徒の学習評価の在り方について（報告）』

教科学習

国　語

🔍 知識・技能

- 文章の読解を通して様子や行動，気持ちや性格を表す語句を学習し，日常生活の会話などで用いることができました。自らの語彙を豊かにしていこうという姿勢がすばらしいと思います。
- 学校図書館での調べる学習を通して，必要な知識や情報を得るためには，事典や図鑑などが役立つことに気付きました。それをきっかけに読書の幅が広がりました。
- 言葉の読み方や意味がわからず，活動が止まってしまうことがありました。国語辞典や漢字辞書を常に手元に置き，わからない言葉があるときは積極的に辞書を引くようにしましょう。
- 書くことが大好きな○○さんです。書く意欲を書く力に結び付けていけるように，苦戦している「こ・そ・あ・ど言葉」や「つなぎ言葉」の使い方を中心に指導していきます。
- 本のジャンルによって，夢中になって読むときと，なかなか興味を示さないときがあります。読書の幅が広がるように，ブックトークなどを通じて指導していきます。

🔍 思考・判断・表現

- スピーチの学習では，話の中心が明確になるよう話の構成を考え，言葉の抑揚や強弱，間の取り方にも気を配るなど，一番伝えたい事柄が正しく伝わるように工夫して話すことができました。
- 地域の方に行事の案内の手紙を書く学習では，下書きを丁寧に読み返し，必要な情報が漏れなく書かれているかどうかを確かめた上で，清書することができました。
- 「○○○」を読み，話の中心となる語や文を見付けて要約することができました。また，友達と感想や考えを伝え合い，自分とは異なる感じ方があることに気付くことができました。

- 書くことに苦手意識を持っているようです。書きたい内容の中心を明確にして、それをもとに内容のまとまりごとに段落をつくることや、「冒頭部・展開部・終結部」などの文章構成を考えることができるよう指導し、書くことの楽しさを味わわせていきます。
- 物語を読む学習では、文章から離れ、独りよがりな考えに陥ってしまうこともありました。書かれていることを読み取り、それをもとに想像することを繰り返し指導して、登場人物の心情の変化などを豊かに想像できる○○さんの持ち味を伸ばしていきます。

主体的に学習に取り組む態度

- ことわざや慣用句、故事成語などの意味を学んだ後、それらを生活の中で進んで使っていました。言葉に対する感覚や感性がとても豊かです。
- 短歌や俳句が持つ言葉の響きやリズムに存分に親しみました。暗唱大会では、練習の成果を十分に発揮して、お気に入りの歌（句）を朗々と読み上げ、○○名人として友達から称賛されました。
- ローマ字に興味をもち、積極的に読んだり書いたりしました。その成果を生かし、総合的な学習の時間でのパソコンのローマ字入力の際には、困っている友達に進んで教えることができました。
- 新出漢字の練習に粘り強く熱心に取り組み、漢字テストで成果を上げました。その力が日常のノートには十分に活用されていないのが残念です。ふだんから漢字を使うことのよさを助言していきます。
- 友達の話を漠然と聞いてしまうために、内容が十分に理解できていないことがあるようです。本人は一所懸命聞こうとしているようなので、必要なことをメモに取ったり、確かめたい点を質問したりしながら聞くなど、具体的な話の聞き方を指導していきます。

教科学習

社　会

👀 知識・技能

- スーパーの見学に行き，商品の品質や並べ方，値段の付け方などを工夫して販売していること，販売の仕事は商品や人を通して国内の他地域や外国とも関わりがあることなどがわかりました。
- 地域探検の学習では，気が付いたことを探検カードにたくさんメモし，大きな白地図にまとめました。その際，地図帳を参照し，方位や地図記号について理解を深め，それらも用いて表しました。
- 自分たちが住んでいる県の位置を正しく理解するとともに，47都道府県の名称と位置を白地図に書き表すことができます。
- 今後想定される自然災害に対し，県庁や市役所が行っているさまざまな備えに関する知識が不足しているようです。備蓄倉庫の設置や防災情報の発信，避難訓練の実施などについて自分の生活と関連付けて理解を深めていくとよいでしょう。
- たくさんの都道府県や国の名称を覚えることができていますが，それぞれの位置が不確かなようです。地図帳などを用いて確認しておきましょう。
- 調べてわかったことについて新聞にまとめることができました。今後はよりいっそう読み手にわかりやすく伝えることを目指して，見出しや色使い，ページの構成なども工夫してみましょう。

👀 思考・判断・表現

- 交通や公共施設，生活の道具などを手掛かりに，当時の市や人々の生活の様子をとらえ，これらの変化を相互に関連付けて考え，自分の言葉で考察をまとめることができました。
- 社会科見学や出前授業で学んだことを手掛かりに，ごみ処理場が果たす役割を考え，意見文にまとめました。その後，学級全体での話合いの中で，資源ごみの分別やリサイクルなど，自分たちにできる

- ことをやっていこうと提案することができました。
- 地域で過去に発生した自然災害や関係機関の働きなどについて調べました。リーフレットにまとめる際に災害時に自分たちにできることや日頃から必要な備えについても考えをまとめられるともっとよかったです。よりよい考察の書き方を指導していきます。
- 学習したことを知識として確実に蓄えることができています。今後は覚えたことを自分の生活と結び付けて考えることに積極的に取り組みましょう。社会科の学習では，さまざまな事象を広い視野からとらえたり，公正に判断したりすることも大切です。

主体的に学習に取り組む態度

- 火災が発生した場合の連携や工夫・努力について，消防署や消防団の方に積極的にインタビューしました。お話を伺う際のマナーもりっぱでした。
- 買い物調べの学習に意欲的に取り組みました。1週間欠かさず自分の家の買い物の状況を調べ，ワークシートに記録していくうちに，スーパーでの買い物が多いことに気付き，次の学習課題につなげることができました。
- 地域に伝わる年中行事について，地域の方に話を聞くことができました。今後は行事に込められている地域の方々のさまざまな願いを受け止め，自分もそれらを受け継いでいくために何ができるか考えてみましょう。
- 身近な地域への関心がいま一つ薄いようです。フィールドワークなどを通して地域に目を向けさせたいと思います。ご家庭でも機会があれば，地域行事などへ参加していただくとよいかもしれません。

教科学習

算　数

👀 知識・技能

- 十進位取り記数法について理解を深め，億や兆という大きな数についても正しく読んだり，書いたりすることができました。
- 整数の加減乗除の計算に習熟し，一定時間内で正しく速く問題を解くことができるようになりました。
- 気温と太陽のかげの長さについて，折れ線グラフと棒グラフを用いて一つのグラフ用紙に正しく表すことができました。データの特徴を踏まえ，適切なグラフを選択することができています。
- ゴムの伸び方を比べるには，差ではなく，割合で比べる必要があるということを十分に理解できていないようです。その考え方に慣れるように，図や式を用いて視覚的に示したり，日常生活の中から割合の関係にあるものを見付け出させたりしながら指導していきます。
- コンパスや定規を使って正確に図形をかくことが苦手なようです。これらの器具を使いこなせるように，円や正三角形を用いた模様づくりなどを通して楽しく練習していきましょう。
- 分数の意味や小数との関連が十分に理解できていないようです。同一の数直線の上下に小数と分数を表すなど視覚的に示し，大きさが同じ数であることを実感させながら指導していきます。

👀 思考・判断・表現

- わり算を用いて実生活の問題解決を考える学習のとき，計算から得られた商とあまりを単純に当てはめるだけでは解決できないことに気付きました。そこで数が表わす意味を考え直して，問題場面に合う答えを見付けることができました。
- 消しゴムとのりの重さ比べをする際に，低学年で学んだ長さやかさを比べたときの方法をもとに，「積木が何個分」かで比べればよいという考えを導き出しました。

- ミリ（m）やキロ（k）など単位の接頭語の意味を学び，それぞれの単位が何倍の関係にあるのかを自ら考え，表に整理し，わかりやすく解説することができました。
- 文章題を解くことは得意ですが，式から問題をつくることに苦手意識があるようです。まずは文章題を立式する際に，その式が意味する内容を自分の言葉で説明するよう促し，式の見方・考え方を育てていきたいと思います。
- 立体図形の辺や面の関係をとらえるのに苦労していました。模型や展開図を用いて，辺と辺，辺と面，面と面がどのような関係にあるか，実際に確認させていきます。

主体的に学習に取り組む態度

- 暗算で問題を解くことに意欲を示し，日常生活のさまざまな場面において進んで暗算に挑戦する姿などが見られました。その様子が友達によい刺激を与えていました。
- 図形の敷き詰めの学習に意欲的に取り組みました。ひし形や台形で平面を見事に敷き詰め，更に色塗りなども工夫して，完成した幾何学模様の美しさを存分に味わっていました。
- じっくりと考えずに結論を求める傾向があります。思考の過程や結果を伝え合う機会を設け，多様な考えに触れたり，考える楽しさを味わったりすることを繰り返し体験させていきます。
- かけ算・割り算のドリルが滞りがちだったのが残念です。反復練習によって力が付く学習なので，家庭学習に毎日取り組む習慣を付けましょう。

教科学習

理 科

知識・技能

- 磁石に引き付けられる物と引き付けられない物を調べるための実験を行い，その結果を「○×」を用いて記録に取った後，結果を整理して一覧表にまとめることができました。
- 天気と1日の気温の変化とを関係付けて調べる学習では，晴れの日と曇りの日の気温の変化の様子を1枚のグラフ用紙に色違いの折れ線グラフで表わすなどして，考察を導くために便利なグラフを作成することができました。
- 月は1日のうちでも時刻によって位置が変わることを，夜空の観察により自分の目で確かめることができました。
- 夜空の星を観察する際に，毎回，微妙に観察すべき方角がずれていました。木や建物など，地上のものを目印にして星の位置の変化を調べるようにしましょう。
- 太陽や影の位置の変化を調べる際，正確な位置を調べることができませんでした。方位磁針の使い方を復習しておきましょう。
- ホウセンカの観察記録が大ざっぱになりがちでした。観察のポイントを明確にして，色，形，大きさなどに気を付けながら観察カードを書く習慣を身に付けましょう。
- 実験の際，楽しさからか約束事を忘れてしまいがちでした。実験器具を使う際は安全に十分気を付けましょう。特に，光の性質を調べる実験の際，虫眼鏡の使い方は要注意です。

思考・判断・表現

- 物の重さを手ごたえなどで調べた後，てんびんや自動上皿はかりなどの機器を使って数値を確認して，その結果から，物の形と重さ，物の体積と重さとの関係を考察し，結論を出しました。
- 金属，水及び空気の温度変化に伴う体積の変化について，既習の内

容や生活経験をもとに，変化の大きい順から①空気②水③金属という予想を立てて実験に臨みました。根拠のある予想を立てられたことがすばらしいです。

🔖 閉じ込めた空気が圧されて圧し返すところを図や絵を用いて表現する課題に苦戦していました。図や絵をかく基本的な力はあるので，今後は適宜，例を示しながら自由な発想で表現できるよう支援していきます。

🔖 水と水蒸気の関係について理解が十分ではないため，実験の仮説を立てるのがむずかしかったようです。ご家庭でも，洗濯物の乾く様子や冷凍庫から取り出したコップに水滴が付着する様子など，身近な生活の中で見られる現象を話題にしてみてください。

主体的に学習に取り組む態度

🔖 ホウセンカに欠かさず水やりをしながら大切に育てました。成長の過程で，育ち方には順序があることを学習し，その過程を確認しながら種子ができて枯れるまでしっかりと見届けました。植物への愛情が伝わってきました。

🔖 空気と水の性質の学習をもとに，空気でっぽうをつくって遊びました。より遠くへ飛ばすためにはどうしたらよいか粘り強く工夫しながら，夢中になって友達と競争していました。

🔖 カイコの世話を担当しましたが，毎日のえさやりを忘れてしまい友達に声をかけられることがしばしばありました。生き物の成長に対する興味を持続していけるよう助言していきます。

🔖 友達に実験を委ね，ノートを取ることに徹する姿を時折見かけました。自ら積極的に実験に関わり自分なりに発見してみようと声をかけていきます。

教科学習

音　楽

👀 知識・技能

- 母音，子音や鼻濁音などの発音や語感に気を付けて，自然で無理のない歌声で歌うことができました。
- 即興的に音を選択したり組み合わせたりしながら，「ウッドブロックとトライアングルを組み合わせると，音の高さや長さが違っておもしろい」など，音の響きや対比に気付くことができました。
- 同じ楽器でも，演奏の仕方が異なると，音色や響きが違うことに気付きました。
- リコーダーの演奏でタンギングや穴の押さえ方に苦戦して，思いどおりの演奏ができなかったようです。短い楽曲を扱い，範奏の音色をイメージさせながら，反復練習に取り組ませていきます。

👀 思考・判断・表現

- 「紅葉で色づいた木や山の様子をのびやかで明るい感じの声で表現したい」という思いを持って何度も聴き合い，歌い方を工夫しながら2部合唱を仕上げました。
- 「この曲の一番おもしろいところは，同じ旋律が楽器や拍子を変えて何度も繰り返されるところ」など，曲全体を見通しながら曲や演奏について考えをもち，曲全体を味わうこともできました。

👀 主体的に学習に取り組む態度

- 自ら進んで音楽に関わり，友達と気持ちを合わせて歌ったり演奏したりする活動を楽しんでいました。教室でも音楽をよく聴いており，さまざまな音楽に親しんでいました。
- 失敗や友達の目が気になって，思うように表現できないことがありました。グループアンサンブルなどを通して，友達と一緒に演奏する楽しさを味わわせていきたいと思います。

図画工作

🔍 知識・技能

- 彫刻刀を上手に使い，細かいところにまで気を配って彫り進め，版を完成させました。更に刷りながらも微調整を重ねました。刷り上げたときは喜びいっぱいの表情でした。
- 木切れに釘を打ち込む活動で，金づちを握る手に無理な力が入ってしまい，思うように釘を打てずに苦労している様子が見受けられました。習熟を目指して経験を積み重ねていきましょう。

🔍 思考・判断・表現

- 廊下や校庭，体育館などを活動場所に選び，段ボールを組み合わせて部屋のような空間をつくったり迷路をつくったり，自分たちのイメージに即して活動を展開しました。友達と話し合いながらどんどん発想を広げていたのがすばらしいです。
- 地域の美術館を訪れ，伝統的な工芸品を鑑賞し，作家の工夫やアイデアについて感じたことを伝え合いました。自分のお気に入りの作品を見付けることもできました。
- ポスター制作の活動を通して，色の明るさや組み合わせによる感じの違いに気付きました。元気な感じを赤く塗ることで表現するなど，自分の思いと色を関係付けて考えることができました。

🔍 主体的に学習に取り組む態度

- 形や色，材料などを工夫しながら，自分で納得のいくまで造形活動に取り組みました。時間を忘れて打ち込む姿に感服しました。
- 自分のイメージ通りでなくても，ある程度つくり上げたところで満足してしまう傾向があります。表現を追究した末にこだわりの作品が完成できるよう，工夫の視点を提示するなどの支援を継続していきます。

教科学習

体　育

知識・技能

- Tボールのゲームを通して，ボールを投げたり，捕ったりなどの基本的なボール操作が上手になりました。静止しているボールを打つことを繰り返すうちに，バットにボールを当てる技術が向上し，ゲームを楽しめるようになったのは大きな成長です。
- 軽快なリズムに乗って全身で踊ることに苦手意識があるようです。2，3人で調子を合わせたり，かけ合いをしたりして，リズムやステップの特徴をつかむところから始めましょう。

思考・判断・表現

- 自分の走・跳の運動の様子をタブレットやデジタルカメラで客観的に確認し，動きのポイントと照らし合わせて自己の課題を明確にすることができました。
- 自己の課題に適した練習の方法を選んで取り組みました。水泳では，まっすぐに体を伸ばしたけ伸びにするために，補助具を活用して体をまっすぐに伸ばした時間を長く取る練習や，伸びた状態で友達に手を引っ張ってもらう練習に積極的に取り組みました。
- 運動，食事，休養及び睡眠など「健康な生活」で学習したことと，自分の生活とを比べ，一日の生活の仕方や生活環境を整えるための方法を考えることができました。

主体的に学習に取り組む態度

- きまりを守ってだれとでも仲よく励まし合いながら運動することができました。器械運動では，友達と互いの動きを見合い，うまくできたときの動き方や気付いたことなどを伝え合いました。
- 用具の準備や後片付けを友達に任せてしまいがちでした。運動とともに大切な学習の一環であることを意識させていきます。

外国語活動

所見記入時の留意点

❶ 外国語活動で育成すべき資質・能力

　外国語活動の目標は，2017年改訂の学習指導要領で，「コミュニケーションをはかる素地となる資質・能力を育成すること」と示されました。資質・能力の具体として，以下のように設定されました。

- 外国語を通して，言語や文化について体験的に理解を深め，日本語と外国語との音声の違いなどに気付くとともに，外国語の音声や基本的な表現に慣れ親しむようにする
- 身近で簡単な事柄について，外国語で聞いたり話したりして自分の考えや気持ちなどを伝え合う力の素地を養う
- 外国語を通して，言語やその背景にある文化に対する理解を深め，相手に配慮しながら，主体的に外国語を用いてコミュニケーションをはかろうとする態度を養う

❷ 聞くこと，話すことの言語活動を通して指導します

　外国語活動で育成すべき資質・能力は，「外国語による聞くこと，話すことの言語活動を通して」身に付けるとされています。言語活動の具体的な枠組みとして，「聞くこと」「話すこと［やり取り］」「話すこと［発表］」という，音声に関わる2技能3領域が設定されています。

❸ 数値による評価はせず，文章で学習状況を記述します

　外国語活動の評価は，数値による評価ではなく，子どもの学習状況を文章で表します。どのような活動を通して，どのような力が身に付いたか，外国語活動の目標と評価の観点を踏まえ，子どもや保護者がわかる表現で記述します。

❹ 学習の動機付けが高まるような所見文を記述します

　外国語活動の指導では，5年生から始まる外国語科の学習への動機付けを高めることを目指します。子どもが外国語に慣れ親しむことができているかを中心に評価し，今後の継続的な学習を励ますような通信簿を目指します。
　所見文の作成にあたっては，学習のプロセスを重視するとともに，できたこと，できなかったことの単純な描写にならないように留意します。

外国語活動

● 聞くこと

👀 知識・技能

- 世界のあいさつの様子をビデオで見たり，CDで聞いたりする活動に取り組み，世界にはさまざまな言語やあいさつの仕方があることをよく理解できました。
- 絵本の読み聞かせを聞いて，登場する動物の名前や数を絵で確かめながら，話のおおよその内容を把握することができました。
- ALTが読み上げるアルファベットを聞き，自分の姓名の頭文字のアルファベットのカードを掲げる活動では，回数を重ねるごとにALTの英語の発音に慣れていき，最終的には正しいタイミングでカードを挙げることができました。

👀 思考・判断・表現

- "What do you like?" という表現を使って尋ね合う活動では，友達がさまざまな答えを返すのを聞きながら，人によって好きなものが異なることに注目し，コミュニケーションの楽しさを味わうことができました。
- 学校の中の自分のお気に入りの場所を英語で伝えたいときには，その場所を指さして"This is my favorite place."と伝えればよいことを，ALTのお手本を見たり聞いたりして理解することができました。

👀 主体的に学習に取り組む態度

- 自分の身の回りのものを英語ではどのように発音するのか，英語と日本語のリズムの違いに気を付けて，注意深く聞こうとしていました。積極的に学ぼうとする姿勢がすばらしかったです。
- 食べ物や料理を表す英語を聞く活動では，外国の献立を自分の家や学校の献立と比べながら聞くことができました。これからの聞く活動も自文化との違いに注目しながら取り組んでみましょう。

● 話すこと[やり取り]

🔍 知識・技能

- 自分の身近な物について，"How many 〜?" を用いて，その数を尋ねたり答えたりする活動を通して，1から20までの英語の数の数え方に慣れ親しむことができました。
- 友達が読み上げた数を聞いて，その数字のカードに描かれた事物について，"Do you like 〜? / Yes, I do." と尋ね合う活動を通して，英語を使ったコミュニケーションに親しむことができました。
- 英語を使ったやり取りに苦戦しました。英語と日本語の音声の違いについては理解できているようですから，次は英語で歌ったり，チャンツをしたりすることなどを通して，英語特有のリズムやイントネーションに慣れ親しんでいくとよいでしょう。

🔍 思考・判断・表現

- 朝のあいさつを伝え合う活動で，表情やジェスチャーを付けて，自分の体調や状態が相手に伝わるように，あいさつの仕方を工夫することができました。
- "I want 〜. What do you want? / I want 〜." を使った会話の際に，一方的に自分の伝えたいことを述べ，相手が黙ってしまう場面を見かけました。相手に自分の意図が伝わっているかどうか確かめながら，会話を進めるようにするとよいでしょう。

🔍 主体的に学習に取り組む態度

- "Do you have a 〜?" という表現を用いて，相手の持ち物を聞いたり，自分の持ち物を伝えたりする活動に進んで取り組み，英語で相手の持ち物を聞くことに慣れ親しむことができました。
- 下校の途中で外国人から駅への行き方を尋ねられた際，学んだことを生かして，ジェスチャーや表情を交えながら，進んで道を教えようとしていました。

外国語活動

● 話すこと[発表]

🔍 知識・技能

- "My bag is blue. My skirt is blue. I like blue." の文例をもとにして，自分の好きな色について，グループの友達に発表することができました。

- 自分の発表を相手がうなずいて聞いてくれるのを見て，英語を用いて表現することへの自信が付いてきたようです。これからも楽しみながら取り組んでいきましょう。

- 大勢の前で発表する際，発音が小さくなってしまいがちでした。絵カードに書かれた英語を繰り返し声に出してみるなどして，英語の発音に慣れ親しんでいくとよいでしょう。

🔍 思考・判断・表現

- "I wake up at 6:30. I have breakfast at 7:30." などの表現を用いて，自分の日課を紹介する活動では，写真を示したり，ゆっくりと話したりするなど聞き手に伝えることを意識しながら発表することができました。

- オリジナルのピザを英語で発表する学習に取り組んだとき，発表内容が十分に伝わらないことがありました。今後の発表活動では，聞き手の反応を確かめながら進めたり，イラストを用いたり実演したりするなど，聞き手が理解しやすいような工夫を加えていくとよいでしょう。

🔍 主体的に学習に取り組む態度

- グリーティングカードをつくるために，贈る相手に好きな色や形などを英語で積極的にインタビューしました。つくり上げたカードはクラスのみんなに見せながら，英語で紹介することができました。

- 自分が発表したことに対する質問を進んで受けながら，それらに丁寧に対応していました。自分の伝えたいことを更にくわしく伝えようとする姿勢がすばらしかったです。

総合的な学習の時間

所見記入時の留意点

　総合的な学習の時間の評価は，各教科で学んだことを生かしたり，総合的な学習の時間で学んだことをほかの教科等で生かしたりなど，他教科・領域と相互に関連付けて「何ができるようになったか」を明確に書き表すことが大切です。その際，学んだ内容と学んだ方法の視点から書くと，子ども本人にも保護者にも学びの成果が伝わりやすくなります。

❶ 取組みの概略と，そこから学んだことや育ったことを書きます

　取り組んだ内容をコンパクトに伝えるとともに，そこにとどめることなく，そこから何を学んだかを表現することが大切です。総合的な学習の時間は，ワークテストに馴染みません。そのため，評価においては，活動中の発言やカードなどから，知識や技能・思考や判断を確実に把握していくことが求められます。そして，そのことが学習の進展に伴いどのように変化していったかということも，しっかりと把握しておくことが大切です。

❷ 追究することの楽しさや追究の意欲に特に着目することが大切です

　総合的な学習の時間の入門期である中学年では，追究する活動が楽しいと感じている姿などをしっかりと伝えていくことが大切です。通信簿を通して，その学期に取り組んだことをあらためて振り返る機会を設けることが，楽しさや取組みへの意欲の味わい直しとなり，次の単元に対する期待感へとつながっていくのです。

❸ 育ちや学びの姿に意味や価値をつけて所見で返すことが大切です

　単元の終盤で行う振り返りの活動の中では，特にこれまでの学びの内容やその深まりを見取ることができます。子どもたちが学び取ったことの意味や価値について，教師が所見を通して子どもたちに伝えることで，子どもたちは自信を深め，次の学習への意欲を高めます。その際，子ども自身が必ずしも自覚しているとは言えない自らの学びに，教師がスポットライトを当てて所見で価値を表現することは，特に学びを確かにさせ，自信を深めさせ意欲を高めさせるために必要な指導の一つといえます。ほかの教科・領域同様，教師に子どもの育ちや学びの姿を見取る力がいかにあるかが問われることとなります。

総合的な学習の時間

知識・技能

[現代的な諸課題に対応する横断的・総合的な課題]

- 「きれいにしよう私の学校」では，花を育てて植えるグループを選びました。花の種まきには花の種類に応じたまき方があることや植物の特性に応じた水のやり方があることなどを理解することができました。

- 「世界のお友達プロジェクト」を通して，世界のさまざまな食べ物の存在を知りました。その土地の気温や様子によって育てる植物が違うなど，環境と食文化について理解することができました。

- 「大好き親水公園」の単元では，親水公園の利用者に何度かインタビューをしました。その中で回数を重ねるごとに話し方が洗練されていくなど，話し方の技術を磨くことができました。

- 「緑のカーテンを作ろう」の単元では，温暖化の環境問題について図書室の本やインターネットを用いて調べるなど調べ方のバリエーションを増やすことができたと同時に，場合によって使い分けることで効果的に調べることができることに気付きました。

- 地域のお年寄りとの交流学習では，聞き取りやすいように大きな声でハッキリと話したり敬語を用いて話したりなどして，相手に応じた言葉の使い方をすることができました。

[地域や学校の特色に応じた課題]

- 「育てよう自分の菊」の単元では，菊の育て方について地域の方から指導を受け，成長に必要な条件や手入れの仕方について知ることができました。

- 「我が町自慢」の単元では，自分たちの町に戦前からあるお店が複数あることを知り，伝統ある自分の町を誇りに思うとともに，知らない人に伝えたいという思いを持つことができました。

- 「〇〇祭りに詳しくなろう」の単元では，江戸時代から続く伝統があることや，このお祭りで演奏されているお囃子の意味などを知り，自分たちがふだん暮らしている地域のよさを知り，この土地に対する愛着を醸成することができました。
- 「まちの自慢の伝統工業を知ろう」では，はじめてのインタビュー活動で経験したことを元に，インタビューの言葉や準備しておくことを明確にして次の回に臨むことができました。
- 学校のごみ問題のディベートでは，自分の考えをわかりやすく伝えることができました。また，異なる立場の意見にも丁寧に耳を傾け，話合いの仕方をしっかり身に付けました。

[児童の興味・関心に基づく課題]

- 「公園の生き物を探そう」の単元では，噴水池にトンボが卵を産むことや，ヤゴになることを発見しました。実際に行って観察することの大切さを学びました。
- 「給食の秘密を探そう」の単元では，社会科でお世話になった地元の農家からも野菜が届いていることを知り，思いを込めて作られた新鮮な野菜を給食で食べることに感謝の気持ちを持つことができました。
- 「昔遊びに詳しくなろう」の単元では，社会科でお世話になった地域の方にお話をうかがう提案をするなど，知りたいことを調べる方法を増やすことができました。
- 「虹の秘密を探ろう」では，理科室の実験道具を使って光の性質を追究しました。実験計画を立てるなど見通しを持って取り組む大切さを学びました。
- 「通学路のステキを探そう」の単元では，地図帳を使って文やイラストを描き込みながら，人が見てすぐわかるように工夫して表現することができました。

総合的な学習の時間

👀 思考・判断・表現

[現代的な諸課題に対応する横断的・総合的な課題]

- 「仲良くなってね」の単元では，特別支援学校に籍をおく友達が車いすで来ることを知り，事前に校門から昇降口を通って教室まで車いすで通れるか試してみることを提案するなど，見通しを持って計画的に取り組む力が付きました。
- 公園でのインタビュー活動では，その場で質問内容を加えるなど，自分たちの目的を達成するために何を調べればいいかを判断し，臨機応変に行動する力が付いてきました。
- 「安全マップを作ろう」の単元では，2年生のときの町探検での経験を思い起こしながら考えるなど，ものごとを関連付けて考える力が付いてきました。
- オリンピックに参加している国を調べる活動を通して世界地図への関心が高まり，大陸ごとにまとめるとわかりやすいなど，わかりやすく表すには分類したり整理したりすることが大切であることを理解しました。
- 「花いっぱいになれ私たちの○○商店街」の単元のまとめの発表では，写真を有効に使いながら商店街の人たちの思いをまとめるなど，プレゼンテーション能力が伸びてきました。
- 自分の学校自慢では，地域の方から聞き取ったことを寸劇にして，表情などの様子も伝えることで出身校への思いを伝えるなど，より効果的な方法を選択する力が付いてきました。

[地域や学校の特色に応じた課題]

- 「育てよう自分の菊」の単元では，地域の菊づくり名人に指導してもらう際，あらかじめ質問したいことや見せてほしいものなど，情報収集の内容について話し合ってまとめることができました。見通しを持って自らの学習課題に取り組み，探究的に学ぶ力を高めることができました。

- 「ビオトープを紹介しよう」の単元では，集まってくる水生生物を分類し，それぞれの環境に適した条件を整えるために，隠れるところや卵を産み付けるところを準備するなど，収集した情報を生かすことができました。
- 「給食の楽しさの秘密を探ろう」の単元では，学校の特色である世界の料理について模造紙に世界地図を書いて国別にまとめました。正面玄関に掲示されるほど見やすくわかりやすくまとめることができました。
- 「○○祭りを調べよう」の単元では，地域に伝わるお祭りの様子を写真に撮り，モニターに大きく映して発表するなど資料の使い方を工夫することができました。

[児童の興味・関心に基づく課題]
- 「大好き自分の町」の単元では，町会長さんに話をうかがいに行く計画を立てるなど，効果的な情報収集の仕方を考えることができました。
- 「ビオトープの生き物探し」の単元では，集まってくる生き物を種類ごとに分け，えさや水槽など一時的に観察するための準備について考え，整えることができました。
- 「給食の中の地球儀」の単元では，学校の特色であるスペイン料理の給食に注目しました。スペインレストランのシェフに話を聞き，スペイン料理の特徴とスペインの食材，スペインの調理方法などを調べ，年間を通して給食にどれくらい取り入れられているのかを献立表から探すことができました。
- 「町を守る仕組み探し」の単元では，地元の消防団の活動内容や訓練について調べ，社会科で見学に行った消防署と比較して考えてみるなど，理解を深めるために工夫して取り組むことができました。

総合的な学習の時間

🔍 主体的に学習に取り組む態度

[現代的な諸課題に対応する横断的・総合的な課題]

- 栄養士さんの話から，人の成長や健康のために必要な栄養や望ましい食事の取り方があることを知り，自分の食生活を振り返り，少しでもバランスよく食べられるように努力しようという意欲が芽生えました。

- 学校の周りの生き物を調べる活動では，虫博士と異名を取る○さんは本領を発揮し，どのようなところを探せばどのような虫がいるか，どのような物を準備すれば飼うことができるかなど，自分のよさを最大限生かし，リーダーシップをとることができました。

- 町の中のバリアフリー探しでは，いつも駅を利用している友達と協力して準備しました。当日は分担を決めて調べるなど，互いのよさを生かして取り組むことができました。

- 「きれいな町づくり大作戦」の単元では，ごみの分別の大切さを学び，学校の主事さんと話し合って学校のごみ収集場所に分別表示をつくるなど，社会に能動的に働きかける態度が身に付いてきました。

- 美味しい給食の秘密を探る学習活動で，栄養士さんの思いや責任感に触れ，自分も将来，栄養士さんのようになりたいという夢を持つことができました。

[地域や学校の特色に応じた課題]

- 和食の専門家の方の話から，和食・洋食・中華料理にはさまざまな特徴があることを知り，自分の食生活について振り返り，今後の食生活に生かしていこうという思いを持つことができました。

- 「私の学校のバリアフリー」の単元では，昇降口の段差や階段の手すりなどを近くの駅と比較するなどしてそれぞれの特徴をまとめました。自ら進んで社会の問題に取り組もうとする意欲を持つことができました。

- 「きれいになあれ私たちの学校」の単元では，栽培委員会の方々に

- 協力するため，花の苗づくりの実行委員を自ら引き受けるなど，社会に能動的に働きかける態度が身に付いてきました。
- 「日本の伝統的な和食についてくわしくなろう」の単元では，自分も将来，料理人のようにこだわって仕事をする人になりたいという夢を持つことができました。
- 同じ学習テーマの友達と情報を交換し合い，協力して調査を進めました。収拾した情報を適切に取捨選択し，「我が町自慢新聞」にまとめることができました。
- 「○○祭りを調べよう」の単元では，地域に伝わる祭りに興味を持ち，自分もその伝統を受け継いでいこうという思いを持ちました。

[児童の興味・関心に基づく課題]
- 「食事マナーにくわしくなろう」の単元では，箸や茶碗の持ち方を知り，作法やその意味について学ぶ中で，しっかりとしたマナーを身に付けた人になりたいという思いを強く持ち，給食の時間に実践するなど学びを生かして生活することができました。
- 「バリアフリーを見付けよう」の単元では，駅の段差や階段の手すりなどを市立図書館と比べるなどして，それぞれの特徴を表と写真を効果的に用いてまとめました。自ら進んで社会の問題に取り組もうとする意欲を持つことができました。
- 「私たちの商店街」の単元では，社会科で勉強した商店街の工夫から発展して，年2回ある商店街祭りと1回ある歳末抽選会の存在とその準備に携わっている方の思いに触れることができました。町の商店街がこれからも地域の方の生活を支えていってほしいという願いを持つなど，郷土愛が醸成されています。
- 「○○小クリーン作戦」の単元では，地域ボランティアの方から花づくり指導を受けて取り組みました。社会に能動的に働きかける態度が身に付いてきました。

特別の教科 道徳

所見記入時の留意点

❶ 道徳科で評価するのは「学習状況」や「道徳性に係る成長の様子」です。これを記述式で評価します

　学習活動を通じた学習状況では，①より多面的・多角的な見方へと発展しているか，②道徳的価値の理解を自分自身との関わりの中で深めているかに着眼します。

　さらに道徳科で養う「道徳性」は，1時間の授業では簡単に身に付かず，容易に判断できるものではありません。したがって，道徳性に係る成長の様子は，学期や学年という長い期間を通して身に付くものであり，これらをとらえて全体的な評価をします。

❷ よい点，伸びた点を書いて励ます評価をします。ほかの子どもと比べるものではありません

　道徳科では，本人の長所，成長を認めて励まし，勇気づける個人内評価を行います。道徳性の発達が遅い子でも，本人としてよい点，伸びた点が必ずあるはずです。もちろん，他者と比べることはせず，どれだけ道徳的価値を理解したかの基準を設定することもありません。

❸ ある授業のエピソードや学期・学年での特徴・進歩を，子ども・保護者に伝えます

　指導要録では，1年間という一定のまとまりの期間での特徴や進歩を記述することになりますが，通信簿では，学期やある時間の授業の特徴的なエピソードを書いて，子どもを励まして自己評価を促したり，保護者に伝えたりすることが大変有効です。

❹ 知識・技能は，「道徳的価値の理解」に対応します

　各教科のように単に概念として理解するのではなく，自己を見つめたり交流や話合いを通したりして，現実生活で「生きて働く知識・技能」として習得されたときに評価します。

特別の教科　道徳

5 思考・判断・表現は，道徳的問題について，「物事を多面的・多角的に考え，自己の生き方についての考えを深める」に対応します

　道徳的問題を主体的に考え判断し，対話的・協働的に議論する中で，「自己の生き方」を思考・判断・表現しようとしたときに評価します。

6 学びに向かう力，人間性等は，「よりよく生きるための基盤となる道徳性」に対応します

　「主体的に学習に取り組む態度」として観点別評価を通じて見取ることができる部分と，「人間性等」のように感性や個別の道徳的価値観が含まれるため観点別評価や評定になじまない部分があります。したがって，どのように学びを深めたかは個人内評価で見取ります。

　道徳科では，育成する道徳性を各教科等のように3つの資質・能力で単純に分節することはできません。

7 道徳科の評価が基本ですが，道徳教育の評価を記述する場合もあります

　通信簿の道徳欄は，道徳科の授業を中心とした評価の記述が基本となります。ただし，学校の方針によっては，学校教育全体を通した道徳教育の評価も記述する場合もあります。

8 記入事項の説明責任が果たせるようにします

　道徳の評価においても，なぜこのような評価になったかを問われたときに，具体的に説明できなくてはなりません。そのために大切なものが，評価のもととなる道徳ノート，ワークシート，観察記録などの資料です。

9 評価は一人で行わず，学校として組織的・計画的に行います

　道徳の評価には，学習評価の妥当性，信頼性を担保することが重要です。学校として組織的・計画的に行う「チームとしての評価」は，これを担保する1つの方法です。

特別の教科　道徳

知識・技能

- 登場人物を自分のことのように考えたり，自分が正しいことを行えなかったときの後ろめたい気持ちを振り返ったりして，正しいと判断したことは自信を持って行うよさを理解しています。
- 登場人物が悩む問題を，自分事のように受け止めて，自分なりの理由を付けて発表することができました。
- あいさつで互いの気持ちを考える学習では，気持ちのよいあいさつをするために必要なことに気付き，相手に対する考えを深めました。
- 学習活動を通して，自分のことだけでなく相手の気持ちもよく考えて，思いやる言動を取るようになりました。
- 傍観者もいじめの加害者であることに気付き，いじめを自分事として考えています。
- 頭でよいとわかっていても実行がむずかしい道徳的な価値について，仲間と一緒に乗り超えようと考えを深めています。
- 道徳的な価値を話し合う中で，人によってさまざまな意見があることに気付き，自分なりの考えを発表しています。
- 「金色の魚」では，おばあさんに共感し，次々と願いが叶うときの気持ちを想像しました。欲望に負けてしまう人間の弱さを自分との関わりで考え，道徳的な価値を実現することのむずかしさを実感していました。

思考・判断・表現

- 複数の道徳的な価値の対立する場面で，多面的・多角的に取り得る行動を考えようとしています。
- そのときの心情をさまざまな視点からとらえたり，自分と違う意見や立場を理解しようとしたりし，多面的・多角的な見方をしています。
- 話合いの中では，友達の意見を取り入れ，関係者の心情や事情にも配慮しながら考えています。

- 自分の見方だけにこだわることなく，多面的・多角的な見方に発展させています。
- 道徳的な問題の議論をするときには，初めは主観的な考え方であっても，ほかの友達の考えを取り入れて客観的な考え方ができるようになりました。いずれ学級の仲間もあなたの考えを見直すでしょう。
- 話合いを通して，あいさつするほうの気持ちとされるほうの気持ちを比べながら，どのようにしたらよいかと考えを深めています。
- 教師や地域の方と交流する学習では，先哲の考えを手掛かりに，自分なりの「問い」や「わからないこと」を見つけ出して話し合い，考えを深めています。
- 「泣いた赤おに」で，二人はどうすればよかったかについて熱心に議論しました。友達の意見をもとに，本当の友達関係とは何かという友達観を深めることができました。

主体的に学習に取り組む態度

- 教材の中から道徳的な問題を発見しようとし，その問題について積極的に取り組もうとしています。
- 授業で学んだことを，いつも仲間との遊びや日常の生活と関連付けたり，次の授業につなげたりしようとしています。
- 各教科で学んだことや体験したことから，道徳的な価値に関して考えたことや感じたことを関連付けようとしています。
- 自らを振り返って成長を実感したり，これからの課題や目標を見付けようとしたりしています。
- どのような自分でありたいか，その将来像を持ち行動しようとしています。
- 「ブラッドレーの請求書」の話合いをきっかけに，自らの生活を振り返ることができました。家族の一員であるという自覚を深めるとともに，協力し合って楽しい家庭をつくろうとする思いを新たにしました。

第2章 行動・特別活動の所見文例

所見記入時の留意点

❶ 日常的な観察によって豊富なデータを収集します

　学習についてよりも，行動や特別活動についてのほうが，客観的なデータを収集し，適切な表現をするのが困難です。日頃より，行動については項目ごとに，特別活動については内容ごとに，子どもそれぞれについてきめ細かいデータを収集し，整理をして記入に備えることが大切です。

❷ 長所をほめることから書き始めます

　行動では項目について優れているところを，特別活動では内容について活動ぶりの優れているところを書きます。その様子がよくわかり，所見を読んだ子どもが嬉しくなるように書きます。すべての子どもに，長所は必ずあります。

❸ 欠点については努力の仕方を書きます

　改善を求める所見を書くときは，まず長所を書き，その後に指摘したい内容を書きます。欠点を指摘するだけの記述は避け，こうすればもっとよくなるというトーンで，努力の仕方と励ましを書きます。欠点だけを決めつけるように書くのは最悪な書き方です。

❹ 進歩・発達の様子を書きます

　よいところへの目の付け方は，長所に目を付けるのと，進歩・発達に目を付けるのとがあります。2学期，3学期はこの点も書きます。このためには，その時点，その時点でのデータをしっかり収集し，比べることです。

❺ わかりやすく，具体的に書きます

　行動の所見を書くときには，項目名をそのまま使ったり，専門用語を使ったりしがちです。子どもの様子がよくわかるように，平易な言葉で具体的に書くことを意識します。

❻ プライバシーの侵害，差別にならないように気を付けます

　そのために，学習の所見を書くとき以上に，用字，用語，内容への配慮が必要です。ここが疎かになると，保護者と子どもの心を傷つけ，教員が法的に責任を問われることもないとは言えません。

基本的な生活習慣

　[子どもの様子]
あいさつや適切な言葉遣いができる子

[所見文例]

✎ 毎朝，気持ちのよいあいさつをしています。○さんの姿がよい手本となり，クラスのみんなが元気にあいさつするようになりました。日中も場面に合わせて適切なあいさつができており，誰とでも上手にコミュニケーションが取れています。

✎ 目上の人に対する言葉遣いが適切です。先日来校された校外の方も，○さんの丁寧な言葉遣いや振る舞いをほめていました。いっぽうで，友達に対してはやさしい言葉遣いで接することができ，慕われています。

 POINT

気持ちのよいあいさつや，きちんとした言葉遣いによって，円滑なコミュニケーションが取れていることを伝える。

　[子どもの様子]
整理整とんができる子

[所見文例]

✎ 身の回りの整理整とんがしっかりできており，学習への取りかかりがスムーズです。きちんと整理しようという意識を持っており，自分の学習状況を整理したり，友達の意見を上手にまとめたりすることも上手です。

✎ 整理整とんの習慣が身に付いており，落ち着いて学習に取り組めています。ノートの取り方も上手で，要点をわかりやすくまとめ，後で見返しやすいように整理できています。そのことが，予習・復習の習慣にもつながっているようです。

 POINT

整理整とんができることは，基本的な生活習慣が確立されていることであり，学力向上にもつながっていることを伝える。

基本的な生活習慣

[子どもの様子]
時間や安全への意識が高い子

[所見文例]

- 常に授業開始時刻より前に余裕を持って着席しています。給食や掃除の時間もてきぱき動き，遅れないよう友達に声かけをしています。時間を守って生活しようとする意識が高く，みんなのよい手本になっています。

- クラスのみんなで話し合って決めた「雨の日の遊び方」を率先して守ることができました。楽しく安全に学校生活を送るために，きまりをきちんと守ろうと呼びかけることができていたのがすばらしかったです。

 POINT

時間やきまりを進んで守り規則正しく安全な生活を送ろうとする意欲や，実際に行動していることを高く評価する。

[子どもの様子]
時間や安全への意識が低い子

[所見文例]

- 元気がよくなにごとにも積極的です。いっぽうで，時間が守れず授業に遅れることがあり，話し合いました。ルールを守ることの大切さを伝えるとともに，時間の有効な使い方を指導します。

- 自分の意見をはっきりと相手に伝えられる点がすばらしいです。いっぽうで，安全に学校生活を送るためにと，クラスで決めた約束事を守れていないことがときどきありました。○さんの安全への意識を高めるとともに，きまりを守ることの大切さを伝え支援していきます。

 POINT

時間や安全に関するきまりを守ることは，集団生活を送る上で欠かせないため，繰り返し指導する。所見で，これまで指導してきたことを具体的に伝え，本人の自覚を促す。

行動

基本的な生活習慣

子どもの様子　学習の準備・後片付けを進んでやる子

[所見文例]

- お楽しみ集会の実行委員に立候補しました。休み時間も友達と協力して準備を進め，当日は大成功を収めました。自分のがんばりが，周りの子の喜びにつながったことを実感し，自信が付いたようです。

- 先生の話をよく聞き，大事なことをメモに取る習慣が身に付いており，毎日しっかり学習の準備ができています。当たり前だとわかっていてもなかなかできないものです。とてもりっぱなことです。

POINT

準備や後片付けがきちんとできることは，基本的な生活習慣が身に付いていることの一つの指標である。目立ちにくいことだからこそ，できていることのよさをしっかり認める。

子どもの様子　不規則な生活を送り，集中力にむらのある子

[所見文例]

- やる気十分のときは集中力が高く，積極的に発言し，すばらしいです。いっぽうで，一日中，眠そうな顔をして授業に集中できていないことも，しばしばあります。どの授業も大事ですから，意欲的に臨むことを期待しています。

- 学習に集中できず成果が下がってしまうことが，ときどきあります。どうすれば集中できるかそのつど具体的に知らせ，少しずつ取り組めるよう指導していきます。予習・復習も大事なポイントですので，ご家庭でも気にかけてあげてください。

POINT

一方的な厳しい叱責よりも，こうしてほしい，温かく見守っているという教師の姿勢を伝えたい。本人の自覚に結び付くよう働きかける。

基本的な生活習慣

[子どもの様子]
忘れ物や落とし物が多い子

[所見文例]

- 学校生活に慣れリラックスして日々を過ごせているいっぽう，忘れ物が目立つようになりました。学習用具をしっかり準備することで学習に集中でき，学力向上につながります。ご家庭でも声かけをよろしくお願いいたします。
- 理解力が高く，よく考えた発言ができます。いっぽうで，提出物や宿題を忘れることがありました。メモを取り，確認することで忘れ物を防ぐ指導をしていきます。また，本人の自覚を促し確実に取り組めるよう見守っていきます。

 POINT

生活力を身に付けることはすべての基盤である。学力を伸ばすことと同じくらい重要だということを伝え，家庭にも協力を求めていく。

[子どもの様子]
欲求に忠実で，落ち着きがない子

[所見文例]

- なにごとにも意欲がありすばらしいです。いっぽうで，話を最後まで聞かず思うままに行動し，失敗してしまうことがありました。説明をよく聞き，何をすべきかを確実に理解してから行動することの大切さを，繰り返し指導していきます。
- 好きなことへの集中力がすばらしいです。苦手なことには気が散ってしまい，なかなか取りかかれないことや，最後までやり遂げられないことがありました。どうすれば落ち着いてじっくり取り組むことができるか具体的に指導していきます。

 POINT

衝動性のコントロールは，本人の努力だけではどうにもならない部分も大きい。事実と，改善のための指導内容を具体的に伝え，丁寧に寄り添っていく姿勢を示す。

行動

健康・体力の向上

子どもの様子
いつも元気で明るい子

[所見文例]

- いつも明るく前向きで,友達がたくさんいます。休み時間は校庭で元気に遊んでいることが多く,○さんの周りは笑いが絶えません。みんなを元気にしてくれる存在で,クラスになくてはなりません。

- みんなを楽しませるおもしろい遊びのアイデアを次々と考え,クラスを盛り上げてくれます。人見知りをせず,だれとでもすぐに打ち解けることができます。友達も多く,クラスのムードメーカー的な存在です。

 POINT

もち前の明るい性格をほめるとともに,クラスのほかの子どもに与えたいい影響にも触れて評価したい。

子どもの様子
風邪を引きやすく,休みがちの子

[所見文例]

- 体調が回復し,徐々に学習と生活のペースを取り戻していることを嬉しく思います。欠席中の学習にプリントで取り組んでおり,わからないことがあると質問して,一つ一つ理解を深めています。今後もサポートを続けていきます。

- 今学期は病気による欠席が多く,○さんももどかしかったのではないでしょうか。体力づくりをすると,健康に対する自信が高まります。健康管理も大事な学習の一つととらえ,今後も見守り,支援していきます。

 POINT

欠席が多くなることで,学習の遅れも心の問題も心配される。子どもはもちろん,保護者にも安心してもらえるよう配慮したい。

健康・体力の向上

[子どもの様子]
進んで運動している子

[所見文例]

✎ 今学期は縄跳びの練習に熱心に取り組みました。休み時間にも自主的に練習を重ねるなど粘り強く練習した成果が出て、二重跳びができるようになりました。達成感を味わえ、本人の自信にもつながったことと思います。

✎ 体を動かすことが大好きで、スポーツに定期的に取り組む習慣を持っていることがすばらしいです。今学期は、特に鉄棒の練習をがんばりました。体育の時間だけでなく休み時間にも取り組み、多くの技ができるようになりました。

運動面でのがんばりや成果を具体的に伝え、生活の中で運動する習慣を持つことにつなげていくようにしたい。

[子どもの様子]
運動が苦手で、室内で遊ぶのが好きな子

[所見文例]

✎ 運動会に向けみんなと一緒に一所懸命ダンスの練習に取り組み、上達していきました。ふだん休み時間には教室で読書やお絵描きを楽しんでいますが、これを機に外で遊ぶ機会も持てるよう、声かけをしていきたいと思います。

✎ 運動に苦手意識があるようですが、友達に誘われて長縄の練習に参加し、難なく跳べるようになりました。体を動かすことの楽しさを味わったのではないかと思います。今後も外でみんなと遊ぶ機会を増やしていってほしいです。

主体的・自主的な運動について、学期中に取り組めた成果を具体的に評価してから、さらなる改善を促していく。

行 動

健康・体力の向上

子どもの様子
心身ともにたくましさを身に付けている子

[所見文例]

- 学級会では，みんなの意見を上手にまとめ，見事な司会ぶりを見せてくれました。最近は自信が付いてきたようで，授業では発言が増えるなど積極性が増しました。縄跳びチャンピオンにもなり，心身ともにたくましくなっています。
- 大好きなドッジボールでは，強い球を投げたり取ったりできるようになり，活躍しています。同じチームになったメンバーとよいチームワークを発揮しながら，自分らしさものびのびと出せています。

POINT

気力と体力，どちらも身に付くと自信につながることを伝える。また，自信が高まると，いろいろなよさが伸びていくことも伝える。

子どもの様子
食べ物の好き嫌いが多い子

[所見文例]

- 校庭でピーマンやトマトを大切に育て，収穫した野菜をおいしく食べることができました。着実な成長だったと思います。この調子で，少しずつ好き嫌いをなくしていけるように，今後も見守っていきます。
- 総合的な学習の時間で漁師の方にお話をうかがい，苦手だった魚を食べてみようという意欲が出てきたようです。好き嫌いをなくすことは体力向上につながる大切な学習の一つととらえています。今後も成長を見守っていきます。

POINT

今学期の足跡を具体的に伝えた上で，一つ一つ経験を積み重ねて成長している点を認め，好き嫌いをなくしていくことの大切さを伝える。

健康・体力の向上

 子どもの様子
健康に気を付け，病気やけがをしない子

[所見文例]

- 手洗いうがいの習慣が身に付いています。登校時だけでなく，休み時間が終わった後や給食前も欠かさずできており，すばらしいです。日ごろの健康管理の成果が出て，今学期１日も休まず元気に登校できました。

- 毎日の健康観察でいつも元気な様子を見せてくれました。ふだんから規則正しい生活を送るとともに，夏はタオルでこまめに汗を拭いたり，冬は上着の脱ぎ着をして温度調節したりするなど，体調管理がしっかりできており，りっぱです。

 POINT

中学年になると生活習慣が崩れやすい。日ごろの生活のなかで健康管理について身に付いていることを伝え，小さな努力でも評価したい。

 子どもの様子
けがの多い子

[所見文例]

- 今学期は小さなけがが続きました。学校生活のきまりを守ることや周りの状況をよく確かめること，また，時間に余裕を持って行動することを意識できるよう見守り，けがを防げるよう支援を続けます。

- 友達とのトラブルが今学期も何回かあり，そのつど指導してきました。話し合って解決しなくてはならないことを理解し，少しずつ前に進んでいます。ご家庭でもよく話を聞いてあげていただきたいです。

 POINT

不注意からけがが多い児童，人にけがをさせてしまう児童，いずれも本人の自覚を促していくことが大切である。

行動

自主・自律

子どもの様子
自分から発言することをためらう子

[所見文例]

- 協調性があり，周囲と協力して作業に取り組むことができます。いっぽうで，自分から意見を出すことは苦手なようです。自分の考えはしっかり持っているので，自信を持って発言できるよう励ましていきます。

- なにごとにも粘り強く取り組んでいます。いっぽう，自分の考えがあるときでも，周囲の雰囲気に流されてしまうことがあります。協調性も大切ですが，自分の考えを伝える力も伸ばせるよう，具体的にアドバイスしながらサポートします。

 POINT

よいところ，がんばっているところも評価した上で，改善を期待しているところに触れ，主体的な取組みを促す。

子どもの様子
目標を持たず，学習習慣が身に付いていない子

[所見文例]

- 興味のある宇宙の話をきっかけに，もっと詳しく知りたいと楽しんで学習できるようになりました。苦手意識のあった家庭学習にも少しずつ取り組んでいることを，嬉しく思います。更に次の学習につながるように励ましていきます。

- 読書記録を付け始めたのがきっかけで苦手だった読書に励むようになり，本を読むことの楽しさがわかってきたようです。これからもがんばりが目に見えてわかるようにし，学ぶことの楽しさに気付かせていきたいと思います。

 POINT

今学期の取組みや成果を伝えるとともに，効果があった具体的な指導方法や出来事を知らせる。

自主・律

子どもの様子
依頼心が強く，自分から行動しない子

[所見文例]

- グループ学習では協調性を発揮しています。いっぽう，言われたまま行動してしまうこともあります。○さんには，しっかりとした実力が身に付いています。自分の考えを大切にして，自信を持って行動できるよう励ましていきます。

- 勉強や係活動の仕事などをこなす実力が十分備わっています。反面，人の指示を待って自分から行動できないことがありました。たとえ失敗する可能性があっても，自分の考えを持って行動する大切さを，体験を通して実感させていきます。

POINT
不十分な点を挙げるだけでなく，その児童のよい面や教師が指導している内容も伝える。

子どもの様子
自分なりの考えを持ち，計画的に実行する子

[所見文例]

- 全校集会のクラスの出し物決めで積極的に発言したり，みんなから出た意見をまとめたりして感心しました。準備でも積極的に仕事を引き受け，出し物は大成功でした。達成感を味わえたことと思います。

- グループ活動などで，友達の意見に流されずに自分の考えを伝え，行動に移すことができます。相手の気持ちも考えて活動できるので，友達からの信頼も厚く，よきリーダーとしての成長を見ることができました。

POINT
なにごとにも意欲的に取り組んでいる様子を伝え，引き続き自信を持って活動できるよう励ます。

行動

自主・自律

 子どもの様子
最後までやりとおす意欲を持っている子

[所見文例]

- 体育の授業で二重跳び10回という目標を立て，毎日努力しました。最後の検定で見事成功し，みんなから大きな拍手をもらいました。この大きな自信は，○さんの次へのやる気につながっていくことでしょう。
- 毎日欠かさず音読練習を続けました。長い物語も暗唱できるようになり，クラスのみんなを驚かせました。それが自信となり，苦手だった意見発表もやってみようという気持ちにつながり，挙手がぐんと増えました。

 POINT

具体的な取組みを通して力を伸ばしていることを伝え，これからの意欲につなげるように励ます。

 子どもの様子
思慮深く行動する子

[所見文例]

- トラブルが発生した際，周りの雰囲気に流されず，自分が正しいと思う行動を取ることができます。また，相手の気持ちを考えた意見の伝え方がすばらしく，よきリーダーとして成長できるよう見守っていきます。
- なにごとも一つ一つ着実にこなしていく慎重さが身に付いています。いま何をすべきかや，これから先の見通しなど，よく考えて行動できています。その落ち着いた様子から，友達からも信頼されています。

 POINT

家庭ではわからない，集団生活での本人の様子やがんばっていることを伝え，次への意欲につながるように励ます。

自主・自律

[子どもの様子] その場の雰囲気に左右されやすい子

[所見文例]

- なにごとに対してもやる気十分で，活気に溢れています。自分の考えを形成する前に行動し，失敗してしまうことがありました。○さんのよさを発揮できるよう，落ち着いて行動していくことを声かけしていきます。

- 友達に誘われると断れず，本当にやりたいことをあきらめてしまうことがありました。友達が多くよく声をかけられていますが，自分の気持ちをはっきり伝えることもときには必要です。よい友達関係を築けるよう支援していきます。

POINT
不十分なところを挙げるだけでなく，その子の課題を明確にし，教師がどう指導していきたいと考えているか知らせる。

[子どもの様子] なにごとにも一所懸命に取り組む子

[所見文例]

- リコーダーの実習でうまく音が出ず，先生や友達のアドバイスを参考に，根気強く練習に取り組みました。すばらしい姿勢です。発表会では，課題曲をみんなの前で上手に吹くことができ，大きな拍手が起こりました。

- 黒板消し係を進んで引き受け，毎日欠かさず取り組みました。○さんが意欲的に取り組む姿がすばらしく，影響を受けて係の仕事に立候補する生徒が増えました。頼りになる存在で，クラスで一目置かれています。

POINT
自分の目標を持ってがんばっている事実を伝え，保護者にも理解・評価してもらうための情報提供とする。本人の自信・やる気の向上につなげたい。

行 動

責任感

子どもの様子
係・当番の仕事を着実に果たせる子

[所見文例]

- 体育係として，授業前に準備運動を忘れないようみんなに呼びかけできました。授業で使う跳び箱やボールの準備・後片付けにも進んで取り組み，自分の仕事に責任を持ち，しっかりやりきることができました。
- 給食係として，毎日欠かさず配膳台の準備や牛乳キャップの回収ができました。自分の仕事に責任を持って取り組もうとする姿勢がすばらしく，友達からも，○さんのがんばりを認める声が上がっています。

 POINT

仕事を忘れず確実に行っていることを評価する。目立たない仕事こそ注目したい。役割を持って学校で活躍していることを認め，自己肯定感を高める。

子どもの様子
リーダーとして責任ある活動ができる子

[所見文例]

- 学級会では，司会として力を発揮しました。発言をよく聞き，常に提案理由を意識して会の進行をしていました。クラスのみんなが納得する話合いの場をつくることができました。
- 班長に立候補しました。常に班の友達を気遣いながら引っ張っていくことができるので，友達からの信頼も厚いです。
- ○○のリーダーを務めました。会議や討論の場では，議論の中身が議題からそれないようにコントロールしながら話合いを進められました。

 POINT

自分の思いをしっかり持ち主張できている点と，周りのことを気にかけながら取り組めている点の，双方ができていることを認める。

責任感

[子どもの様子]
積極的に参加し，実行力のある子

[所見文例]

✎ 学級会では積極的に話合いに参加し，みんなの意見がまとまるよう，よく司会を助けました。お楽しみ会では進んで係の仕事を引き受け，会を盛り上げていました。周囲を楽しませようとする姿に感心しました。

✎ 縦割り班活動で，上級生として2年生の世話をしました。やさしく声をかけ，小さい子も楽しめる遊びを工夫し，2年生は大喜びでした。班活動のとき以外でも一緒に遊ぶなど，下級生を思いやる姿勢が見られます。

 POINT
子どもが実践したことが生んだ成果や，周囲へ与えたよい影響にも触れる。行事においても全体や個人の目標と照らし合わせ評価するとよい。

[子どもの様子]
自分の役割を責任を持ってやりぬく子

[所見文例]

✎ 掃除当番の仕事を責任を持ってやりぬくことができました。教室をきれいにするために花を飾ったり，掲示物をきちんと貼り直したりするなど，自ら仕事を探して取り組む姿勢がすばらしかったです。

✎ 班長に立候補し，全体のことを考えながら活動することができました。けがをした友達でもできる仕事を見つけ，一緒にがんばろうとするなど，思わぬアクシデントに対しても，リーダーとしての責任感を発揮して乗り切りました。

 POINT
具体的なエピソードを示しながら，責任を果たしているすばらしさを伝える。主体的に取り組もうとする姿を高く評価したい。

行動

責任感

子どもの様子
周りが気になり，自分の仕事に集中できない子

[所見文例]

- 責任感を持って仕事に取りかかりますが，思い通りにいかないと，しばしば友達に強い口調で指示し，自分の仕事が疎かになってしまうことがあります。まずは自分の仕事に集中し，やり遂げるように指導していきます。
- 係活動などすぐに取りかかりますが，途中で周りの友達のことが気にかかり，自分の仕事に集中できなくなることがありました。自分の仕事に最後まで責任を持つことを指導していきます。

 POINT

地道ながんばりを続けることのよさや大切さを伝えていく。できればそのためにどうするとよいか「〜について今後も指導を継続する」旨を補足する。

子どもの様子
失敗を他人のせいにしてしまう子

[所見文例]

- なにごとにも意欲を持って取り組みますが，うまくいかないと，友達のせいにして投げ出してしまう場面がありました。友達の思いも聞きながら，協力して達成しようとする気持ちを高められるよう指導していきます。
- 体育でゲームを行った際，勝敗の責任をチームメイトに求めることがありました。勝ち負けへのこだわりも必要ですが，まずはがんばったことに目を向け，励ます声がけをすることがチームの成長につながり，自分の力にもなると伝えました。

 POINT

うまくいかなかったことばかりに目を向けるのでなく，前向きな姿勢で励ますことでものごとをうまく進められることを伝える。

責任感

[子どもの様子]
一人ではなかなか取りかからない子

[所見文例]

✎ いつも友達と協力して当番活動に取り組んでいます。友達が取りかかるのを待っている姿を見かけますから，今後は自分から進んで行うとさらなる成長につながります。友達を引っ張る存在として活躍することを期待しています。

✎ 飼育委員の仕事をしっかり把握できていますが，ほかの委員が見当たらないと準備を進められないことがありました。自信を持っていつもどおり取り組むよう励ますと，一人でも世話ができるようになってきました。

 POINT

人に合わせてできている点は認めつつ，今後は主体的な取組みに期待していることを伝える。

[子どもの様子]
決まったことをよく忘れる子

[所見文例]

✎ みんなで決めたルールや先生に言われたことを忘れてしまい，同じ指摘を何度も受けることがありました。クラスの一人一人が，きまりを守る強い気持ちを持って慎重な行動を心がけることが必要です。忘れないための工夫とともに指導していきます。

✎ クラスで決めたことを忘れてしまい，きまりを守れないことがありました。友達と一緒に楽しく安全に過ごすための大切な約束であることを再度確認し，守れるように指導していきます。

 POINT

忘れることで，自分が困るだけでなく，周りの友達にも迷惑をかけることを伝え，きまりを守る大切さを伝える。

行動

創意工夫

子どもの様子
課題意識を持って積極的に調べようとする子

[所見文例]

- 好奇心旺盛でなにごとにも関心をもち，わからないことがあると図書室へ行って調べる習慣が身に付いています。努力が実を結び，どの教科も前学期より成績が伸びています。この調子です。
- 清掃工場の見学をしたことでごみのリサイクルに関心を持ち，図書室で調べたり，市役所に電話で聞いたりと追究を続けました。調査の結果をリサイクル新聞にまとめ，クラス全員の前で堂々と発表できました。

POINT

新たな取組みに対して，意欲的な追究の様子を伝える。ほかの子どもとの比較ではなく，その子なりのよさがわかるように記述する。

子どもの様子
発想が柔軟で多面的に考えることができる子

[所見文例]

- 学級のルールを話し合ったとき，自分の考えをしっかり伝えつつ友達の考えにも耳を傾け，「自分の考えを変えることがクラスのためになる」と発言しました。○さんの柔軟な発言で，その後の話合いがスムーズに進みました。
- ものごとを多面的にみる力や柔軟性があります。高齢者との交流では，介護をする側の考えとあわせて介護を受ける側の気持ちも調べ，両方の立場に立ってこれからの介護のあり方について自分の考えを発表することができました。

POINT

ものごとを一面的にとらえず，多面的にとらえようとするよさと，それが実際に学習や生活に生かされていることを伝える。

創意工夫

[子どもの様子]
困難に立ち向かい，新しい発想で解決しようとする子

[所見文例]

- スーパーマーケットの学習では，買い物客へ何を聞けばよいかわからず困っていましたが，図書室で調べたり，お店の方に取材をしたりして，趣向を凝らしたインタビューの原稿をつくり，学習を深めていました。

- 最初は上手に書けず苦戦していた書道ですが，先生に基本的な筆使いを教わったり，上手な人の作品を参考にしたりして短時間で上達しました。苦手なことにも，取組み方を工夫して前向きに取り組む姿勢がすばらしいです。

 POINT

困難な問題に出合っても最後まであきらめず，自力で解決しようとする姿勢を評価する。また，問題解決の過程を具体的に伝える。

[子どもの様子]
当番・係の仕事で，自分なりの工夫をする子

[所見文例]

- 飼育係として，クラスで飼っているカブトムシの世話を毎日欠かさずに続けました。餌や飼い方を図書室で調べ教室に掲示したことで，興味を持つ生徒が増え，クラス全体で大切に育てようという心が生まれました。

- 美化係として日々の清掃に率先して取り組むだけでなく，掃除用具の片付けの仕方を図にまとめて掲示し，日直の仕事がやりやすくなったと，クラスの友達からほめられました。クラスの利益を考えて工夫しようとする姿勢がすばらしいです。

 POINT

当番や係活動においてなされた，その子なりの努力や工夫を評価する。更にそれらがクラス全体に生かされたことを具体的に伝える。

行動

創意工夫

子どもの様子
好奇心に欠け，新しい場面での取組みが消極的な子

[所見文例]

- 与えられた課題にはまじめに取り組み，宿題を忘れたことがありません。しかし，はじめてのことには消極的になりがちです。課題や手順を示し，わからないことは質問するよう促すなど，主体的な取組みをサポートしていきます。

- どの教科も全力で取り組んでいます。今後は，一度答えを導き出せた後，別の考え方がないか探してみることを指導していきます。複数の視点で考えてみることを通して，課題への理解を深め，学力を伸ばしていきます。

よい面を認めながら，失敗を恐れず新たな課題に挑むことの大切さを伝える。また，課題や手順がわかるように指導していることを伝える。

子どもの様子
自分で課題を見付けたり，探究したりすることが苦手な子

[所見文例]

- モンシロチョウの観察のとき，好きなカブトムシと比べ共通点を発見するなど，力を発揮しました。○さんの見方は虫の特徴を理解するよいヒントになりました。今後も興味をもった部分から，学びを深めていくように指導していきます。

- どの教科にもまじめに取り組み，よく理解しています。今後は，自分で課題を探す自由学習で力を発揮してほしいです。ヒントを示すと，テーマを見つけることができています。自ら課題意識を持って取り組めるよう，今後も見守っていきます。

その子なりの問題意識を引き出していること，解決にあたっては，具体的な方策を示しながら，自信が持てるよう指導していることを伝える。

創意工夫

 　子どもの様子
発想を転換したり多面的に考察したりすることが苦手な子

[所見文例]

- 几帳面な性格で何でも丁寧に取り組みます。しかし，思ったとおりにできないとやる気をなくしたり友達と争ったりすることもありました。一つ一つ原因をはっきりさせ，解決方法を一緒に考えていきます。

- 自分の考えをしっかり持ててすばらしいのですが，それにこだわるあまり，意見の対立がしばしばありました。自分の考えを伝えた上で相手の考えも理解しようとすることが問題解決につながることを指導していきます。

 POINT

その子なりの考えや努力を認めた上で，立場を変えて考え直すことなど，多面的に見ることの大切さを伝える。また，具体的な指導の手立てを伝える。

 　子どもの様子
自分のよさを見出せず，自分らしさを発揮できない子

[所見文例]

- 生き物の知識が豊富で，クラスのみんなを驚かせています。授業での発言は多くありませんが，自分の強みを人に伝えていけるとよいなと思います。○さんのよさをもっと伸ばせるよう，サポートしていきます。

- ユニークな発想でものごとを考えられます。いっぽう，失敗を恐れる気持ちが強いようで，授業中になかなか手が挙がりませんでした。コメントシートなどにはよい意見を書いています。自信を持って発表できるよう，励ましていきます。

 POINT

自分らしさを出そうとしない背景として，自己肯定感が低いことが考えられる。よさを認め励ます方針のもと，成功体験を重ねて少しずつ自信を付けていることを伝える。

行動

思いやり・協力

子どもの様子
相手の立場に立って考え，相手の気持ちを大切にできる子

[所見文例]

- 課題をうまく進められていない友達にやさしくアドバイスしたり，忘れ物をして困っている友達に親切に声をかけたりすることができました。自然と思いやりのある行動を取れる○さん，すばらしいです。

- 学級委員として，さまざまな立場の考え方を尊重しようとしていました。話合いの場では多数派だけでなく少数派の意見も尊重し，多くの友達の考えを取り入れた結論を導き出せるよう努力できました。すばらしい心がけです。

POINT
相手の気持ちを深く理解し，相手の困っている気持ちや状況を慮って行動できていることを評価していきたい。

子どもの様子
男女の別なく協力し合える子

[所見文例]

- 気の合う友達の意見だからと流されることもなく，男女の別なくだれとでも仲よく遊びます。係活動の新聞づくりでもチームワークを発揮しています。役割分担し協力して取り組み，完成度の高い新聞を仕上げることができました。

- グループ活動では，自分の損得や好き嫌いにこだわらず，考えを相手にきちんと伝え，友達の気持ちも尊重しながら話合いを進めています。お互いの気持ちを伝え合う中で信頼関係が生まれ，よい関係を築くことができています。

POINT
中学年は，気の合う仲間とのつながりが強くなる時期である。男女の別なく行動できている仲間意識の高さを評価する。

思いやり・協力

子どもの様子
感謝の気持ちを率先して表すことができる子

[所見文例]

- 上級生にお世話になったことをみんなで出し合い，その言葉を合わせて呼びかけにしようと提案し，その考えが採用されました。当日は呼びかけの中心となって，「ありがとう」の気持ちを伝えることができました。

- 給食調理員の方へのメッセージカードづくりを，中心となって進めました。みんなから集めた感謝の言葉をきれいにまとめ，気持ちを届けることができました。率先して取り組もうとする姿勢に，感謝の気持ちが溢れていました。

 POINT

日頃お世話になっている人々，生活を支えてくれる人々などへの感謝の念を表せる心の成長を認めていく。

子どもの様子
実行力はあるが，自己中心的な行動に走りがちな子

[所見文例]

- 体育のボールゲームのとき，個人プレーに走り，チームワークを乱してしまったことがありました。しかし自らの行動を振り返って反省し，その後はチームメンバーを引っ張るよきリーダーとして活躍しました。

- なにごとも最後までやり遂げる責任感があります。一人でがんばりすぎる面もあり心配でしたが，学芸会の大道具づくりで友達と協力する楽しさと充実感を実感してから，チームワークを重視して活動するようになりました。

 POINT

自分でなにごともやり遂げる力があることを認めた上で，課題を具体的に指摘する。友達と協力することから得られる達成感が味わえるように支援したい。

行動

思いやり・協力

[子どもの様子] 係や当番活動などで思いやりや協調性を発揮した子

[所見文例]

- 美化委員のリーダーとして、日々の清掃活動に率先して取り組みました。また、掃除場所や美化当番の分担決めでは、特定の分担に負担が偏らないよう配慮するなど、全体のことを考えた行動ができていました。
- 新聞係に立候補し、メンバーとテーマ決めや記事の分担を行い、心のこもった新聞を毎月完成させています。季節の行事や友達の活躍を特集した記事が特に好評で、クラスみんなで新聞の発行を楽しみにしています。

 POINT

係活動や当番の活躍を評価し、自分の責任を果たす意義、人のためになっているという実感をもたせ、より主体的な活動へとつなげていきたい。

[子どもの様子] 広い心を持ちあたたかみを感じさせる子

[所見文例]

- 給食準備中に練習しているリレー選手の給食を、自分から進んで準備していました。練習から戻ったリレー選手からお礼を言われると、「がんばってね」と言葉を返していました。相手を思いやる温かい心が育っています。
- 思いやりの心の持ち主です。老人介護施設を訪問し、おばあちゃんの似顔絵を描きながら明るく会話をしたり、心をこめて楽器の演奏をしたりしました。心を通わせた交流ができ、おばあちゃんも○さんも笑顔が輝いていました。

 POINT

だれに対しても真心を持って接することのできる態度が育っていることを認め、更に思いやりの心を広げられるようにする。

思いやり・協力

子どもの様子
話合いで建設的な発言をする子

[所見文例]

- 道徳の時間に，友達の思いやりを受けてうれしくなった体験を発表してくれました。○さんの発言によって思いやりの行動にはどんなものがあるか，ふだん自分が意識できているかなどみんなで深く話し合えました。
- 交流会の出し物決めでクラスの意見が二つに割れてしまったとき，「二つのアイデアを組み合わせた出し物を考えてはどうか」と発言し，話合いが進みました。みんなの満足のいく出し物ができ，当日は大成功でした。

POINT

周囲の意見をじっくりと聞き，自分自身の考えを発言できることは，よい仲間づくりをするためにも大切な力であることを評価する。

子どもの様子
言葉で人を傷つける子

[所見文例]

- 感情的になり，思いをそのまま相手にぶつけてしまうことがありましたが，言葉にする前に気持ちを考えることの大切さを伝え，少しずつ実践できるようになりました。今後も思いやりの心をはぐくめるよう見守ります。
- 授業で人を傷つける「ちくちく言葉」と人を元気にする「あったか言葉」について学んだ後，ちくちく言葉を使わないよう意識して生活できました。継続できるようサポートします。ご家庭でもご協力いただきたいです。

POINT

相手の気持ちを想像し，思いやりをもった言動をすることの大切さに気付かせるように指導していく。

行動

生命尊重・自然愛護

子どもの様子
動植物が好きで，進んで世話をする子

[所見文例]

- モンシロチョウを羽化させることに挑戦しました。卵から幼虫，さなぎから羽化するまで，キャベツの葉の交換や飼育容器の掃除など，毎日熱心に世話をしました。羽化の瞬間を見られて本当に嬉しそうでした。
- ヒマワリを大きく育てたいと，世話係に立候補し，毎朝欠かさず水やりをしました。生長につれ茎を支柱に結ぶことも忘れず，自分の背丈を超えたときには嬉しそうに報告してくれました。植物への愛情に感心しました。

 POINT

動植物に興味を持ち，愛でるだけでなく，主体的に世話をして大切にしようとしている様子を具体的に知らせたい。

子どもの様子
動植物に関心を持ち，進んで調べようとする子

[所見文例]

- 教室の熱帯魚の世話役を買って出てくれました。○年生にはむずかしい水質や温度管理にも，図鑑などで調べて試行錯誤しつつ熱心に取り組みました。観賞用として愛でるだけでなく，小さな命として慈しむ姿を尊敬しています。
- 「立派な緑のカーテンにしたい」と願いをこめて，ツルレイシ栽培に取り組みました。図鑑やインターネットを活用し，ネットの張り方や実の収穫時期などを調べ，みんなに知らせていたのに感心しました。

 POINT

動植物に関心を寄せ，主体的に観察したり調べたりすることで，自然愛護の精神が育っている様子を具体的に記述したい。

生命尊重・自然愛護

子どもの様子
小さな生き物や植物の世話を忘れがちになる子

[所見文例]

- 校庭で見付けたカナヘビを教室で飼いたいとはりきっていましたが、世話をするうちに扱いが疎かになってきました。小さな命も大切にしようと話すと、○さんは仲間と真剣に話し合い、草むらに放しに行きました。

- 収穫を楽しみに、ナスやキュウリの苗を丁寧に植え付けました。いっぽう、班で分担した水やり当番を忘れ、友達から促されることもあったので、植物を大きく育てるにはきちんと世話をすることが大切だと話しました。

 POINT

生き物への関心を認めつつ、命をつなぐには愛情を持って世話をすることが大切であることに気付かせたい。小さい命への慈しみを促す記述を心がける。

子どもの様子
お年寄りや障害を持った方にあたたかく接する子

[所見文例]

- パラスポーツ体験では、障害がある方の様子にはじめは驚いていた○さんでしたが、一緒にプレイすることを通して人柄に触れ、心の距離を縮めました。体験後は、手紙に感謝の気持ちを素直な言葉で綴りました。

- 高齢者施設を訪問したときは、礼儀正しくあいさつし、丁寧な言葉遣いでインタビューを行いました。相手へのやさしい気遣いができ、特に耳の不自由なお年寄りにはゆっくり大きな声で話すさりげない配慮がすばらしいです。

 POINT

自分と立場が違う人々も認め、受け入れる「心のバリアフリー」を尊重する記述をしたい。

[行動]

生命尊重・自然愛護

子どもの様子
命の尊さへの気付きが未熟な子

[所見文例]

- 小さな生き物探しの学習では、トンボを上手に捕まえるのに感心しました。しかし、捕ることで満足するようで、その後に逃がしたり世話したりできなかったのは残念でした。小さな命の尊さにも気付かせていきます。
- いつもたくさんの友達に囲まれています。○さんの明るさや活発さに人が集まるのでしょう。いっぽうで、友達に対して「消えろ」などの言葉を何の気なしに遣っているのが心配です。相手を尊重する言葉遣いを一緒に考えていきます。

 POINT

子どもの無邪気な行動や言葉の中には、ときに生き物や友達に残酷なものもある。保護者とともに生命尊重の精神をはぐくむため、問題となる行動や言葉は具体的に知らせたい。

子どもの様子
自然の変化を豊かに感じ取れる子

[所見文例]

- 通学路などにある草花や樹木から季節の変化を見付け、いつも担任に教えに来てくれました。みんなにも知らせることを促すと、学級新聞に載せるようになり、○さんの影響で学級のみんなが自然の変化に敏感になりました。
- 登校一番、「冬がきた！」と報告してくれたことがありました。霜柱を踏んだときのシャクシャクした音に冬の訪れを実感したそうです。季節の移ろいを何げない自然の姿から感じ取る○さんの豊かな感性に感心しました。

 POINT

ゲームやテレビなど、子どもたちにとって魅力的な刺激に溢れた生活では、何気ない自然の変化や恵みは見落としがちである。それに気付ける感性を大いに評価する。

勤労・奉仕

子どもの様子
意欲的に働く姿が学級の手本となっている子

[所見文例]

- 配り係として、配布物を責任持って教室へ届け、配りました。特に感心したのは、休み時間終了の予鈴でさっと気持ちを遊びから切り替え、ポストを確認しに行っていたことです。おかげで○組は配り忘れゼロでした。

- 掃除の時間は誰よりも輝いています。箒で隅々の埃まで丁寧に掃いてくれ、雑巾はこまめに洗い、場所に応じてきちんと拭き上げてくれています。誠実な仕事ぶりは、出張掃除先の担当の先生にも感心されています。

POINT

面倒だと思われがちな、地味な仕事もきちんとできている子を評価したい。勤労の尊さに気付かせるとともに、それができることに自信を持たせたい。

子どもの様子
掃除などの当番活動を好まない子

[所見文例]

- 学級遊び係としてさまざまなアイデアでみんなが笑顔になる企画をしてくれました。いっぽう、掃除や給食などの当番活動には意欲が湧かないこともありました。みんなが気持ちよく過ごすために必要な仕事について一緒に考えました。

- 掃除の時間も仲間とのおしゃべりを優先し、作業が疎かになることがありました。なぜ掃除をするのか、誰のためにするのかなどを友達と一緒に考えるようにしたところ、声を掛け合って協力して取り組めるようになりました。

POINT

当番活動を「やらされている」と感じることが、面倒だという気持ちを生む。当番活動の意味をもう一度考えさせる記述を心がけたい。

勤労・奉仕

子どもの様子
学級や友達などのために主体的に行動する子

[所見文例]

- さようならのあいさつ後，毎日教室の後方の棚の整理整とんをしてくれました。係の仕事でも誰に言われたことでもないのに，そっと当たり前のように毎日続ける姿に感心しました。奉仕の心が身に付いています。
- 学級で落ち葉掃き当番の活動に取り組んでいたところ，○さんが「毎日やってもいいですか」と言いました。用務主事さんが一人で掃くのは大変そうだという気持ちからの提案でした。奉仕の精神に感心しました。

 POINT

誰かのために，見返りを求めず無私の気持ちで行動する子どもには，その行動の尊さを認め，賛辞することで自信を付けさせたい。

子どもの様子
何かをしてもらうことが当たり前になっている子

[所見文例]

- クラブ活動の後の片付けなどを，上級生任せにしがちでした。だまって○さんの分もしてくれる上級生に目を向けさせ，少しずつでもみんなのためにできる人になろうと話すと，意識して行動し始めました。
- 落とし物を拾ってもらうなど，友達に何かをしてもらったとき，それが当たり前のように素っ気ないときがありました。友達との関係をよりよくするためにも「ありがとう」のひと言を自然と出せるように繰り返し促していきます。

 POINT

周囲の親切や奉仕に気付かせ，感謝の気持ちを持たせるとともに，自ら行動できるように指導していくことを伝えたい。

勤労・奉仕

[子どもの様子]
ボランティア活動に意欲的に取り組む子

[所見文例]

- 地域清掃に進んで参加し，ごみ拾い活動を通して公園や道路に捨てられているお菓子の袋やペットボトルの量に驚いたようです。その体験をもとに，「ポイ捨てはやめよう」と説得力を持って呼びかけていました。
- 「地域を明るくする運動」に参加し，駅頭で大きな声であいさつしたことを誇らしげに知らせてくれました。奉仕活動を通してやりがいを味わったことで，積極的に社会に関わろうとする意欲がさらに高まったようです。

 POINT

ボランティア活動に積極的に取り組むことを通して，自己有用感を高めたり社会への主体的な関わりに目覚めたりする姿を認め，評価したい。

[子どもの様子]
ボランティア活動への関心が高まった子

[所見文例]

- 高齢者施設でお年寄りと一緒に歌おうという意見に，○さんははじめ，「楽しくなさそうだ」と反対でした。しかし，当日，お年寄りが喜んで歌っている顔を見て，誰かのために行動することの意味を感じ取ったようです。
- 公園の落ち葉清掃のボランティアに，○さんは最初消極的でした。しかし，活動後，きれいになった公園でお年寄りに感謝の声をかけられ，「きれいにすると公園に来る人も自分も気持ちいい」と満足そうでした。

 POINT

勤労や誰かのために行動することを通してやりがいや喜びを実感し，変容していった姿を具体的に伝える記述にしたい。

行動

公正・公平

子どもの様子
周囲に流されず，自分で判断して正しい行動ができる子

[所見文例]

- 遊びに夢中になり，多くの子が休み時間終了のチャイムを守れなかったことがありました。誰もが「みんな遊んでいたから」と言う中で，○さんはきちんと自身に向き合い，行動を反省していたのに感心しました。
- お楽しみ会の内容について話し合ったとき，親しい仲間は外遊びに偏ったプログラムを推していましたが，○さんは，「教室遊びが好きな人もいるから」と流されませんでした。公平な態度が，みんなの信頼を集めています。

POINT

何かを決めたり判断したりするとき，仲よしの友達の意見に傾きがちになる子どもは多い。自分をしっかり持ち，より正しく行動できる姿を具体的に認め，称賛したい。

子どもの様子
周囲の意見や行動に流されがちな子

[所見文例]

- 鬼ごっこをしていて授業に遅れることがありました。「楽しいから」「みんながやっているから」とよく考えずに行動してしまったことを大いに反省していました。今後も見守ります。
- 仲間同士のじゃれあいがエスカレートし，みんなで一人の友達をからかって，泣かせてしまったことがありました。友達の涙を見て我に返った○さんは，その場の状況に流された自分を反省し，心から謝っていました。

POINT

自分でよく考えず，なんとなく大勢に流されてしまう子には，その行動の危うさに気付かせる働きかけをしていきたい。

公正・公平

 [子どもの様子] 自分の好き嫌いにとらわれず，誰とも公平に接する子

[所見文例]

- 遠足の班づくりの際，好きな子と一緒になりたいとこだわる子が多く，場が険悪になりかけました。しかし，○さんの「仲よし遠足に行くのになあ」の一声で空気が和みました。誰とも公平に接する○さんをみんなが信頼しています。
- 仲違いで二つに分かれかけたグループが，程なく元通りの関係に戻っていたことがありました。分かれたどちらにも，それまでと変わらず穏やかに接していた○さんのおかげでした。人と人をつなぐ力に感心しました。

 POINT

友達の好き嫌いで，トラブルを起こす子どもは多い。誰とでも穏やかに接し，周囲をホッとさせるような子どもの様子は大いに認め，称賛したい。

 [子どもの様子] 自分の好き嫌いで行動してしまう子

[所見文例]

- グループをつくるとき，仲よしの友達と一緒になりたくて，強引に振る舞ってしまうことがあります。そうした行動を相手の立場で振り返らせながら，友達の輪を広げると自分の世界も広がることに気付けるよう，促していきます。
- 仲間と過ごすときはいつも笑顔で穏やかです。いっぽう，ほかの友達に対しては言葉や態度が乱暴になりがちなのが残念です。学級遊びなどを通して，いろいろな友達のよさに気付かせ，関係を広げられるようにしていきます。

 POINT

相手によって態度を変えたり，なにごとにも好きな友達の方を優先したりする子には，その場その場で相手の立場に立って考えさせる指導を続けていく。

行動

公正・公平

 子どもの様子
正しいことの基準を自分でしっかり持ち，行動できる子

[所見文例]

- 休み時間にどんなに楽しい遊びをしていても，予鈴が鳴ると切り替えて教室に戻ってきます。チャイム着席の意味をきちんと理解し，当たり前のこととして行動できる○さんは，学級のみんなのよい手本です。

- 授業中，担任にノートを見せに来るように言うと，我先にと小走りになる子が多い中で，○さんは落ち着いて並びます。教室で走ることの危なさがわかり，ルールの意味を理解して行動できることに感心しています。

 POINT

まずは学校や学級のルールをきちんと守ることができている子を認め，大いに褒めたい。ルールを守って行動しているうちに，自ずと公正な心も育っていく。

 子どもの様子
公平な態度がみんなの手本となる子

[所見文例]

- 運動会で○さんの組は敗れてしまいました。悔しい気持ちはあったと思いますが，○さんはふてくされることなく，勝った組の友達にあたたかい拍手を送っていました。結果を公平な態度で受け入れる潔さがりっぱでした。

- クラス遊びのゲームの審判役となると，○さんの出番です。仲よしの友達だから，男（女）の子だからと，ひいきするようなことはけっしてしないので，学級のみんなから厚い信頼を得ています。○さんの公平さはみんなの手本です。

 POINT

体育のゲーム型スポーツや学級遊び等，勝敗がある活動で負けを受け容れるのは，多くの子どもにとって容易なことではない。それができた場面を具体的に価値付ける。

公共心・公徳心

 [子どもの様子] **みんなで使うものを大切に扱える子**

[所見文例]

- 昔遊びで使った剣玉を,「糸がからまると次のクラスが使えなくなっちゃうよ」と友達に呼びかけて,一緒に丁寧に片付けていました。みんなで使うものを大事にしようとする態度が立派です。公共心が育っています。
- 掃除用具入れの箒が,いつもきちんと箒掛けに整とんされるようになりました。箒の先を傷めないためにと,○さんが帰りの会で呼びかけてくれたおかげです。ものを大切にする○さんの態度は,学級の手本となっています。

 POINT

公共物がわかり,大事に扱えることは,公共心の表れである。具体的な場面をとらえて称賛することで,自信を持って行動できるようにしていきたい。

 [子どもの様子] **みんなで使うものの扱いがぞんざいになる子**

[所見文例]

- 壁新聞係となり,楽しく活動しました。学級のマーカーペンを使ったカラフルな紙面が大好評だったいっぽう,使用後のペンの片付けが疎かだったのは残念でした。みんなで使うものを大切にする意味を考えるように促していきます。
- 仲間で使ったボールの片付けがいい加減になり,学級遊びで使えなかったことがありました。みんなが使うものは大事にしなければならないことを実感し,その後は声を掛け合ってきちんと片付けられるようになりました。

 POINT

学級や学校のものを,使ったら使い放しにしてしまう子は多い。みんなで使うものをなぜ大切にしなければいけないのかというところから考えさせる働きかけをしたい。

行動

公共心・公徳心

子どもの様子　クラスや学校のことを考えて行動する子

[所見文例]

- 並ばせ係として責任を持って活動しました。特に，全校朝会の日は昇降口が混み合うことを見込んで早めの移動を呼びかけるなど，学校全体の動きを見つつ学級のために行動できたことに感心しました。
- 体育を見学して一足早く教室に戻った○さんが，給食の準備を始めていてくれたことがありました。誰に言われるのでもなく，学級にとってよいと思うことを進んでできることが素敵です。公共心がよく育っています。

POINT
自分や仲間のことだけでなくクラスや学校全体を考えて行動している様子を見取り，具体的に記して評価することで，公共心を育てていきたい。

子どもの様子　公共心・公徳心が未熟な子

[所見文例]

- 遠足の電車で，○さんは扉が開くと同時に席を確保しようと走り出したので，引き止めて車中での過ごし方を確かめました。集団で行動するとき，みんなが気持ちよく過ごすための約束を，今後も一つ一つ確かめていきます。
- 遠足のお弁当休憩の後のごみ拾いを，○さんははじめ，「自分はごみを出してないのに」と不服そうでした。しかし，みんなきれいにした場所を見て，誰が出したごみでも拾えば気持ちよいものだと実感したようです。

POINT
集団への帰属意識が薄く，自分さえよければよいという行動になりがちな子どもには，学級や学校の一員としての自覚を促す働きかけを続けていくことを知らせたい。

公共心・公徳心

子どもの様子
公共のマナーをよく守って行動する子

[所見文例]

✎ 遠足の往復では,うきうきした気持ちで羽目を外すことなく,歩道を一列で歩くことや電車内ではおしゃべりしないことなどのマナーをよく守りました。時と場所を弁える態度が大変りっぱで,公共心がよく育っています。

✎ 学区域内を地域探検したとき,○さんは訪問する先々で明るいあいさつや丁寧な言葉遣いをほめられていました。礼儀正しい振る舞いは,公徳心の表れです。学習に協力してくださった方々への敬意が感じられ,感心しました。

 POINT

集団生活を送る上で,決まり事としてのルールだけではなく,マナーも守れる子を評価したい。そこには他者への敬意がある。公共心や公徳心はまさにそこから育つ。

子どもの様子
公共のマナーを軽んじてしまいがちな子

[所見文例]

✎ 担任にはいつも元気にあいさつをしてくれますが,登校見守りボランティアさんや専科の先生などには素っ気ないのが残念です。お世話になっている人に対してはどんな態度が望ましいのか,場面をとらえて考えるよう促していきます。

✎ 給食をもりもり食べる姿は元気いっぱいです。いっぽうで,口にものを入れたまま喋ったり,食事中大きな音を立てたりすることは,マナー違反だと指導しています。皆が気持ちよく過ごすために引き続き意識するよう伝えていきます。

 POINT

子どもがマナーを身に付けるには,周囲の大人が手本を示す必要がある。教師として自らの襟を正すとともに,保護者の意識にも働きかけるような記述ができるとよい。

行動

その他

子どもの様子
登校を渋ったり休んだりしがちな子

[所見文例]

- 運動会では，ダンスが苦手と言いながら，隣の子と協力して懸命に振り付けを覚え，当日は力一杯演技をして満足そうでした。○さんのがんばりがすごかったと，学級全員が認めていました。登校をみんなが心待ちにしています。

- 昆虫のことを学級の誰よりよく知っている○さん。みんなが一目置いています。学校で見付けたバッタについても，「○さんに聞けばすぐに種類がわかる！」と頼りにされています。得意分野でいっそう輝けるよう，支えていきます。

POINT

集団生活の中で本人が輝いた場面を具体的に称賛するなどして，学校・学級での本人の存在価値や，学校でしか身に付かないこと，味わえない楽しさに気付かせたい。

子どもの様子
ごまかすことがある子

[所見文例]

- 教室の鉛筆削りをふざけて壊してしまったのですが，はじめはそれをごまかそうとしていました。失敗は誰にでもあり，きちんと認めて繰り返さないことが大切だと話すと，「ごめんなさい」と素直に謝り，反省できました。

- 友達に一目置いてもらいたい気持ちからか，事実より大げさな話を度々してしまい，周囲を戸惑わせることがありました。互いのありのままのよさを認め合い，高め合っていける関係づくりができるように，働きかけていきます。

POINT

虚言には，本人は本当のことと信じている場合と自分に都合のよい状況をつくり出そうとしている場合とがある。よく見極めて，ずるさであれば正す働きかけをする。

その他

子どもの様子
作業や行動が遅くなりがちな子

[所見文例]

- なにごとにもじっくり丁寧に取り組む○さん。文字の美しさや作品の仕上がりは抜群です。いっぽう、限られた時間内に終わらせられず、中途半端な出来に悔しがることもありました。目的に応じて効率よく作業する力を育てます。

- 焦らず慌てずいつもマイペースな○さん。のんびりやさしげな様子がみんなに好かれています。しかし、課題を最後までやりきれないことが多いのは心配です。課題を細分化し、一つ一つ確実にやりきるよう、励ましていきます。

POINT

遅くなる原因について見極め、丁寧さや慎重さからならば、肯定しつつ、遅れることで本人が困らないように指導していくことを伝えたい。

子どもの様子
作業の丁寧さや慎重さに欠ける子

[所見文例]

- 計算が速く、算数には特に意欲的に取り組んでいます。いっぽう、テストのときなどには、速さにこだわってミスが出てしまうのが残念です。丁寧な取組みや見直しによって、さらに力を確かなものにできるように助言を続けます。

- 生活科のカードには、トウモロコシのひげと実がつながっていることを記録していました。すばらしい観察眼です。発見をさらにしっかりとみんなに伝えるために、書字や色塗りも丁寧にできるよう、指導を続けていきます。

POINT

とにかく早く終わらせようと、課題や作業への取組みが雑になったり慌ててしまったりする子は多い。じっくり取り組むことのよさに気付かせたい。

行動

その他

子どもの様子
力があるのに消極的になりがちな子

[所見文例]

🖉 当番や係の仕事を、責任を持ってきちんとやり遂げます。また、おだやかで誰とでも仲よくでき、みんなに好かれています。控えめさも素敵ですが、○学期は係のまとめ役を任せ、リーダーに挑戦する気持ちを育てたいです。

🖉 音読が大変上手です。特に会話の部分は、登場人物になりきり、感情を込めて読むことができます。目立つことには消極的ですが、学芸会ではセリフの多い役に挑戦することで力を発揮させ、自信を付けさせたいです。

 POINT

十分に力がありながら、控えめで、目立つことや先頭に立つことを避ける子どもには、リーダー役などに挑戦する機会を与え、背中を押すような助言をしていく。

子どもの様子
学習用具や宿題を忘れることが多い子

[所見文例]

🖉 授業中は積極的に挙手し、進んで発言するなど、学習意欲は旺盛です。しかし、忘れ物が多く、意欲を生かしきれないのが残念です。前日の持ち物点検を習慣付け、安心して学習に向かえるよう、協力をお願いします。

🖉 授業の時間には理解しているのに、次の日になるとわからなくなっていることがあります。家庭学習や宿題にしっかり取り組むことで補っていけるので、机に向かう時間などを決めて習慣付けるよう、協力をお願いします。

 POINT

子どもに口頭で注意したり指導したりするだけでは、改善ははかりにくい。忘れないための具体的な工夫を示し、家庭の協力を得られるようにしていきたい。

その他

 [子どもの様子] 友達とトラブルになりやすい子

[所見文例]

- 遊びに夢中になると，友達を長く引き留め，困らせてしまうことがあります。友達と楽しく遊べるよう，気持ちの切り替え方を○さんとともに考え，実行できるように励ましていきます。
- ○さんはじゃれ合っているだけのつもりでも，本人が思う以上の力が相手にかかり，けがが続いていることが心配です。遊び方や力の加減の仕方を一緒に考え，安全に遊べるよう，見守っていきます。

 POINT

保護者も本人も困っていることが多いので，問題の指摘だけの記述にせず，問題が大きくなることを心配していることや，協力して対応を考えていく姿勢を伝える。

 [子どもの様子] 同年齢の集団に馴染めず，大人との関わりを求める子

[所見文例]

- 職員室によく顔を出し，先生たちと楽しそうに話しています。いっぽう，学級の子たちとは，話が合わないと距離を置いているのが心配です。学級遊びなどで子ども同士で遊ぶ楽しさを味わわせ，関係を広げていけるようにします。
- おだやかで落ち着いているので，学級では頼られることが多く，困っている様子もありました。その分，甘えたいのか大人との関わりを多く求めてくるので，気持ちを受け止めつつ，友達との関係づくりを助けていきます。

 POINT

周囲の子どもに問題が見当たらないのに，大人に過剰に関わりを求めたり甘えたりする子は，その背景を慎重に探りつつ，同年齢の子との関係を築けるように助言する。

特別活動

● 学級活動

知識・技能

- どんなことを話し合いたいのか，また，どうして話し合う必要性があるのかを，みんなにわかりやすく説明することができました。
- 何回か行ううちに，司会の進行やまとめ方が上手になりました。なるべく多くの人が発言できるように，気を付けて指名することができました。
- 丁寧な字で，みんなにわかりやすく，黒板に記録をとることができました。話し合いが行き詰まったとき，○さんが見やすくまとめてくれた記録があったのでみんな助かりました。
- ノートの記録を，丁寧な字で書いてくれました。後から見返して確認するときに助かりました。
- 自分の意見を理由も付けて発表することができました。
- 集会の役割分担では，特技を生かして「ポスター書き」を担当しました。みんなが認める絵の上手さで，カラフルで楽しいポスターをつくりました。
- 生き物係として，メダカの世話をよくしてくれました。水槽の掃除からえさやりまできちんとやり，水槽はいつもきれいでした。

思考・判断・表現

- 学級内で困っていることを学級会の議題に提案し，解決に向けて積極的に発言することができました。「みんなで協力すれば必ずできる」という○さんの力強い言葉に，みんなが励まされました。
- 副司会として，司会を助けながら発言者の指名や議事の進行に気を配っていました。縁の下の力持ちとして，大切な役目を果たしてくれました。
- 二つの意見のよいところを合わせて，みんなが納得できる新しい考えを提案することができました。
- 司会が困っているとき，話合いを進める意見を言って助けてくれま

- した。○さんのおかげで，話し合いの後半の進行がスムーズにいきました。
- 自分の意見を主張するだけでなく，自分と友達とで意見が食い違ったときには，自分から譲ることができました。友達を立てることができる心の広さに感心しました。
- スポーツ集会では，あまり上手にできない友達のことも考えてルールの工夫を提案しました。みんなが楽しめるスポーツ集会ができました。
- 係決めの話合いでは，クラスが楽しくなる係をつくろうと提案し，みんながわくわくするような係をつくることができました。
- 雨の日でもみんなでできる室内遊びの工夫を提案していました。おかげで，安全で楽しい雨の日の遊びができました。
- 新学期の目標を，学習，生活，運動に分けて具体的に立てていました。これまでの自分を振り返り，新たな目標が持てることはりっぱなことです。

主体的に学習に取り組む態度

- 集会の活動やお楽しみ会など，学級での活動を積極的に考え提案しました。話合いでは，みんなでやりたい理由をわかりやすく説明するなど，楽しい学級をつくろうとする熱意が伝わりました。
- 計画委員会を自ら招集し，話合いに向けての計画と準備を進んで行うことができました。委員としての自覚を持って行動する姿はりっぱでした。
- 反対意見を言うときは，相手の意見を尊重しながら，丁寧に理由を説明することができました。協力しながらよりよい話合いを進めようとする態度に，大きな成長を感じます。高学年に向けて更に伸ばしていきたいと思います。
- 学級レクでグループ分けをするときに，自分から声をかけて友達を集めていました。自分からはなかなかグループに入りづらい友達も，

- 自然にグループに入ることができました。
- 話合い活動で，積極的に自分の考えを発表することができます。活発に意見を発表する様子は，みんなのよいお手本になっています。
- スポーツ集会の準備では，進んで得点板やゼッケンなどの用具を運んでいました。その姿に，友達も遊びをやめて準備に協力していました。
- 集会の準備では，自分の仕事はもちろん，手が空くと友達の手伝いもしていました。労を惜しまず協力できる様子はりっぱでした。
- 学級オリンピックでは協力して種目に取り組み，○さんたちのチームが見事に優勝しました。また，自分が出ていないときは一所懸命応援していました。
- 今学期の目標に，友達にやさしくすることを挙げていました。実際の行動にもその様子を見ることができ，嬉しく思っています。

● 児童会活動

知識・技能

- 学年の代表として代表委員会に参加しました。代表の立場や役割をよく理解し，各委員会や各学年から出されるさまざまな議題について話し合い，建設的な意見を伝えることができました。
- 保健委員として，手洗いを呼びかけるポスターを作成したとき，低学年にもよくわかるように絵を入れるなどの工夫をしていました。1年生の担任の先生からもほめられました。

思考・判断・表現

- 校内音楽会の全校スローガンをつくるときには，代表委員会で出された意見をクラスに持ち帰り，提案理由をわかりやすく伝えていました。学校全体のためにがんばる態度はすばらしいです。
- 飼育委員として，分担した仕事に責任を持ち，忘れずに世話をしてくれました。暑さよけのすだれを飼育小屋にかけようと提案するな

ど，学校全体のことを考えられるすばらしい成長ぶりを頼もしく思います。

🔍 主体的に学習に取り組む態度

- ✏️ あいさつ運動の取組みを考える話合いに積極的に参加しました。代表委員として学級の意見をみんなにわかりやすく伝えようとする姿勢は，高学年も感心するほどすばらしいものでした。
- ✏️ 1年生を迎える会の計画を立てる話合いでは，1年生にわかりやすく楽しめるものを考えようと呼びかけていました。会の準備に進んで取り組み，心を込めて1年生を迎えようとする気持ちが伝わりました。
- ✏️ 放送委員として，いつも誰よりも早く集合し，高学年のアドバイスを受けながら，毎日の放送の準備を行いました。委員会ノートには，全校放送の責任の大きさを感じながら，よりよい内容にしようとする意気込みが書かれており，大きな成長を感じました。

● クラブ活動

🔍 知識・技能

- ✏️ 囲碁将棋クラブでは，ルールがわからない初心者の友達や上級生に対して，わかりやすく丁寧にルールや作戦の立て方を説明していました。○さんのおかげで，毎回みんなで楽しい時間を過ごすことができました。
- ✏️ パソコンクラブで取り組んだ自己紹介カードづくりでは，さまざまな機能をすぐに覚えて使いこなし，素敵なカードをつくることができました。
- ✏️ 鼓笛クラブに入り，運動会の入場行進曲演奏のために一所懸命に練習していました。練習の成果を発揮して，運動会のオープニングにふさわしい演奏をしました。

特別活動

思考・判断・表現

- 工作クラブのみんなで話し合い，創意工夫して共同作品をつくり上げ，達成感を味わうことができました。この経験を生かして，高学年でもますますの活躍を期待しています。
- 球技クラブでは，あまり上手にできない友達に，パスの出し方やシュートの仕方を教えてあげていました。試合では，チームの友達に励ましや応援の声をかけていました。チームワークを大切にする姿が素敵でした。

主体的に学習に取り組む態度

- 大好きな調理クラブになり，喜んで活動していました。調理好きなクラブの友達と一緒に，ホットケーキやフルーツ白玉など，毎回いろいろなメニューにいきいきと取り組んでいました。
- サッカークラブでは，特技を生かしてゴールキーパーとして活躍しました。チームメイトに的確な指示を出すなど，4年生ながら高学年からも認められ，頼りにされています。
- 手話を覚え，耳が不自由な人の役に立ちたいという目標を持って手話クラブに入りました。熱心に取り組み，短期間で簡単な日常会話ができるまでに上達しました。

● 学校行事

知識・技能

- 運動会では準備係として，準備体操や競技補助の際にてきぱきと行動できました。その規律正しい行動は，みんなのお手本になっていました。
- 公園の清掃活動では，ふだん自分たちが遊んでいる公園にこんなにたくさんのごみがあることにびっくりし，小さなごみまで残さず拾って掃除をしていました。「公園にごみを捨てないようにする」と感想を言っていました。

思考・判断・表現

- 学芸会では，セリフの感情の込め方や身のこなしを工夫し，何度も練習していました。発表当日の真に迫る演技は，多くの人から称賛をあびました。すばらしい向上心です。
- 遠足の班長を務め，電車の中での行動や道路の歩き方についての注意点を話し合い，りっぱに行動できました。帰りはごみを持ち帰り，「来たときよりもきれいに」と，ごみを持ち帰っていました。班長を中心に班全体が立派な行動をとれました。
- 学校祭りでは，全校児童や小さな子どもでも楽しめるようなクラスの出し物を考えました。当日も，お客さんの呼び込みや受付係などに大活躍でした。

主体的に学習に取り組む態度

- 始業式で，児童代表の言葉を述べました。目標を新たにし，新学期からがんばろうとする態度は，新学期の始まりにふさわしいものでした。
- 学習発表会では，朗読劇を発表するために，何度も何度も練習をしていました。休み時間にも友達に声をかけ一緒に練習していました。よりよいものを創るために粘り強く取り組む○さんの姿勢を尊敬しています。
- 運動会のむかで競争では，リーダーとして声をかけてタイミングを合わせたり，コーナーの速い回り方を工夫したりして，みんなに教えてくれました。おかげで足運びが上達し，見事に勝つことができました。
- 放課後，毎日のように，黙々とマラソンの練習をしていました。マラソン大会ではその成果を発揮し，念願の上位入賞を果たすことができました。
- 交通安全教室では，常に真剣な態度でした。自転車の模範運転の代表になり，交差点での安全確認の仕方を全校の前で見せていました。

第3章 特別な配慮を必要とする子どもの所見文例

所見記入時の留意点

❶ 学習指導要領における障害のある子どもの指導について

2017年改訂の学習指導要領では，特別支援学級や通級による指導における個別の指導計画などを全員分作成すること，各教科などにおける学習上の困難に応じた指導の工夫を行うことなどが示されました。

特に，解説の各教科編において，学びの過程で考えられる困難さごとに，指導上の工夫の意図と手立てが例示されました。

❷ 個別の教育支援計画や個別の指導計画の内容に留意します

通常の学級に在籍している障害のある子どもについては，各学校で合理的配慮が提供されている子どもや，個別の教育支援計画や個別の指導計画に基づいて指導・支援されている子どもがいます。

通信簿の作成にあたっては，それらの内容をよく把握し，必要に応じて保護者と連携をはかるとともに，特別支援教育コーディネーターや校内委員会での話合いも参考にしながら，所見を記入するようにします。

❸ 個人内の成長過程を大切にします

通信簿の作成にあたっては，子どもの問題行動に着目するというよりも，その問題行動が障害の特性から発生していることを念頭に置きます。

そして，ほかの子どもと比較するのではなく，対象となる子どもが努力したこと，成長したことなどについて記述します。特別な配慮を必要とする子どもは，ふだんの学校生活において自信を失っていたり，不全感を感じていたりすることがあるため，通信簿を通して，自己肯定感を高めることに留意します。

❹ 支援者からの評価も参考にします

今日の教育現場では，特別な配慮を必要とする子どもに対して，さまざまな支援が工夫されるようになりました。支援者や支援機関は，支援員や介助員，個別指導，専門家による巡回相談，通級による指導，医療機関などとの連携など多様です。

担任は，子どもが受けている支援をしっかりと把握し，それぞれの担当者から定期的に評価を受け，所見で触れることも考慮します。

特別な配慮を必要とする子ども

学習面の困難がある

子どもの様子
話を聞いて考え理解する学習が苦手

[最後まで話を集中して聞くこと]
- 学級で上手な話の聞き方を確認し，約束を絵にして目に入るところに掲示しました。姿勢が崩れそうになったときやよそ見してしまったときなどに絵を指し示すだけで，気持ちをリセットして話を聞くことができました。

[口頭の指示を聞くこと]
- 「大事な話をします」の合図があればすぐ注目して聞くという約束をしたことで，切り替えて集中できるようになりました。わからないことは質問して確かめることができるようになってきました。

 POINT

全体指導の中で，話の理解が不十分で，指示を聞き逃すことが多い。聞くことが苦手な原因に応じた支援により，できるようになったことを評価する。

子どもの様子
言葉によるコミュニケーションが苦手

[自分の気持ちを伝えること]
- 話す前からわかってもらえないと思ってしまうことがあったので，まずゆっくり言葉を引き出し，伝えたい気持ちを整理するようにしました。そうすると，落ち着いて自分の気持ちを伝えることができました。

[学級や班での話合いへの参加]
- 自分の意見がまとまらないときや迷っているときにどのように発言すればよいか，言い方を確認しました。話合いで自分の考えを出すことができるようになってきました。

 POINT

子どもが言葉で表現することを苦手としていても，教師は理解者でありたい。さらに，周囲に発信できるように支援していく道筋を示す。

学習面の困難がある

子どもの様子
音読に時間がかかり,読むことに関して消極的

[行や語句の読み飛ばしや読み違い]
✎ いま読んでいる行だけが見える細長い厚紙を当てると読み間違いがなくなりました。意欲にもつながり,音読の練習量が増え,声に出して読むことが上手になりました。

[文の意味を正しく読み取ること]
✎ 「だから」や「でも」などの接続詞の理解を深めるため言葉遊びや例文の読み比べ,文章づくりを行いました。間違いに気付き,正しい接続詞を選ぶことができるようになりました。

 POINT
教科書の教材文の音読や内容理解を支える力を身に付けることができるような具体的な支援を行い,そこに見られた成長を記述する。

子どもの様子
学習の場面でなかなか書き進められない

[板書事項を書き写すこと]
✎ 板書の1行の文字数をノートと同じにしたり,拡大したワークシートを掲示したりすることで,正確に書き写すことができました。徐々に短時間で書き写すことができるようになりました。

[考えを文章にまとめること]
✎ 自分の考えを述べ,その後に理由を書く,という書き方だと自分の考えを文章にしやすく,苦手意識の軽減につながりました。この組み立てで述べると,簡潔で伝わりやすいことに気付き,発言の際も意識していました。

 POINT
板書を書き写す,感想を書く,などを苦手とする子どもは少なくない。自分なりに書くことができる手立てを子どもとともに考えていく姿勢を伝えることが大切である。

特別な配慮を必要とする子ども

学習面の困難がある

子どもの様子 練習を重ねても文字の読み書きの習得が困難

[平仮名や特殊音節の読み書き]

✎ 促音（っ）や拗音（ょ）などの音を手拍子で表し，どこにどんな音が入っているか，イメージしやすくするようにしました。表記を間違えてしまったときに，手拍子で確認すると，自分で正しく書き直すことができました。

[漢字の読み書き]

✎ 漢字の部首に興味をもち，進んで同じ部首の漢字を集めたり，漢字の意味を調べたりしました。漢字の知識が豊かになることが読み書きの定着につながりました。

POINT

単に練習量を増やすのでは，成果が望めないばかりか，子どもが意欲を喪失しかねない。視覚や聴覚における記憶の苦手さに応じた支援を行い，できたことを記述する。

子どもの様子 形をとらえることがむずかしい

[鏡文字や画数を間違えた漢字を書くこと]

✎ 指でさした先に注目して見たり，動いている物を目で追ったりして見る力を高めるようにしました。書き順に合わせて歌をつくり，歌いながら書いて練習すると，正しく覚えることができました。

[図形の問題でイメージをつかむこと]

✎ コンパスの幅や分度器の角度に合わせてテープやシートを用意して，視覚的に実感できるようにしました。平面図形も立体図形も，どこの部分を指しているのか，色をつけると理解することができました。

POINT

全体を見ながら部分にも注意したり，目で見た位置に手を動かしたり，指先を動かしたりといった力が求められる。子どもの苦手さに寄り添い，具体的な支援を記述する。

学習面の困難がある

[子どもの様子] 計算の仕方がなかなか定着しない

[計算に対するつまずき]

✎ 桁数の多いかけ算やわり算のやり方を理解することができました。苦手な九九があるために時間がかかったり間違えたりしてしまうことがありました。筆箱に入る大きさの九九カードで復習し、覚えるようにしています。

[定規やグラフの読み取り]

✎ 重さを量るはかりの目盛りが読みにくいようでした。目盛りを拡大したプリントで読み方を確認してから、実際のはかりの目盛りを読むようにすると、自分で正しく読むことができました。

 POINT

繰り返しの練習を重ねても手順が覚えられなかったり、よく見ることがうまくいかなかったりする。うまくいかないときに、子ども自身が確認できる手立てを示すとよい。

[子どもの様子] 因果関係を理解することが苦手

[因果関係の理解]

✎ 実験計画を立てるとき、Aの場合、Aでない場合、というように、条件の違いを明確にして行うようにしました。自分の予想と異なっても、実験結果を科学的に受け入れることができました。

[文章問題の理解]

✎ 問題の文章からどのようなことがわかるのか、何を問うているのか、言葉や図を使って整理することを行いました。類似問題に取り組むことを通して、自分で問題文を整理し、解くことができるようになってきました。

 POINT

学習の場面や人との関わりの中で、結果を推し量ったり、受け入れたりすることがむずかしい。子どもが納得しやすい条件を整え、指導を重ねていくことを伝える。

特別な配慮を必要とする子ども
学習面の困難がある

 子どもの様子
指先を使った作業が苦手

[はさみなどの道具を使いこなすこと]

✎ 指ゴマなどを使って，手首の返しや指先でつまんでひねる動きの練習をしました。さらに，コンパスを進行方向に少し傾けるようにすると，コンパスできれいな円をかくことができました。

[楽器の演奏]

✎ リコーダーを吹くとき，まず左手が上になることを確認しました。厚みのある穴あきのシールを貼ったことで，指のおさえの感覚をつかみ，きれいな音で吹くことができました。

 POINT

指先がうまく使えないために，学習で使う用具の扱いがむずかしい。スモールステップで，できた経験を積み重ね，やってみたいという気持ちを引き出すように記述する。

 子どもの様子
運動が苦手で，外遊びにも消極的になりがち

[走ること]

✎ クラス遊びの「3組ルール鬼ごっこ」を，全員で楽しみました。そのことをきっかけにして，休み時間に友達と校庭で元気に遊ぶ姿が増えました。体育の学習にも積極的に取り組むようになりました。

[縄跳びやキャッチボール]

✎ 縄跳びの後ろ跳びが上手になりたいと，つま先で姿勢を保持したままその場でジャンプしたり，タオルを使って手首を返す練習をしたりしました。前日より1回でも多く跳びたいとがんばって，記録を伸ばしました。

 POINT

どこが苦手でつまずいているのか見極め，姿勢を支えるバランス感覚を高めるなどして，できることを増やしていけるようサポートしていることを伝える。

学習面の困難がある

[子どもの様子]
気になることがあると,注意がそれてしまう

[課題への取組み方]

✏ 課題に取り組む気持ちになれないときに,名前を書いたり,できそうなところから始めたりして,少しでもやることを目指しました。投げ出さず,自分なりにできるところを探してやろうとする気持ちが出てきました。

[活動の途中でほかのことを始めてしまうこと]

✏ 常に,学習に必要な物だけが机上に出ているようにしました。短い区切りで,OKサインをもらう約束で集中を続けることができました。今後は区切りを少しずつ長くしていきます。

POINT

目に入った物や聞こえてきた音や声,ちょっとした刺激に注意がそれてしまい,集中を続けることがむずかしい。個別の支援とともに環境を整備していることを伝える。

[子どもの様子]
調べたりまとめたりすることが困難

[調べ方]

✏ 自分が選んだ方法で,意欲的に調べることができました。思うように情報が得られないときは,期限を守るためにも,質問したり相談したりすることも大切であることを確認しました。

[まとめ方]

✏ いつまでに何ができていればよいのかを確認し,ゴールまでの見通しを持つようにしました。自分がよく知っている物と比べてまとめ,期限内に完成させることができました。

POINT

自分で課題を設定したり,その解決のために調べたりまとめたりするのが苦手である。学習の進め方がわからないので,具体的に説明していることを記述する。

[特別な配慮を必要とする子ども]

行動面の困難がある

子どもの様子
整理整とんが苦手で忘れ物が多い

[忘れ物]

✎ いつどのような方法で確認するかを決め，学校でも家庭でも毎日１回必ず自分でチェックすることにしました。チェックすれば忘れ物をしないことがわかって自信になりました。

[整理整頓]

✎ 大きい物から重ねたり長い物をまとめたり，道具箱へのしまい方を工夫することができました。椅子を後ろに引いて道具箱を手前に出し，いつも全体を見渡すようにすると整とんされた状態を保ちやすくなりました。

 POINT

不注意な場合もあるが，指先の巧緻性や，姿勢や動作に課題がある場合もある。具体的な支援を行い，成長が感じられる文章を記述する。

子どもの様子
注意がそれやすく一斉指示に従った行動が苦手

[注意の集中]

✎ 指示や説明を集中して聞こうとがんばっています。順番が最初にならないよう配慮しました。自分の番が来る前に，友達の動きを注意深く見て確認することで，正しくできるようになりました。

[複数の事項に注意を向けること]

✎ 目に入る物や音を最小限にし，落ち着いた環境で課題に集中しやすくなるようにしました。最後までしっかりやりたいという気持ちでがんばっています。集中できる時間が少しずつ長くなりました。

 POINT

注意がそれたり，話を聞くことが苦手で，ぼんやりしたりすることに対し，見て確認できる物を示すほか，集中して聞くことができるよう支援していることを伝える。

行動面の困難がある

子どもの様子
離席してしまうなどじっとしていることが苦手

［離席］
✎ 配り係になりました。ノートやプリントを配ったり集めたり手際よく行っています。学習中，係の仕事のために席を立つことで，それ以外の時間は着席していることができました。

［気持ちを落ち着かせること］
✎ 学習中，何か触っていることがあります。迷惑にならないようにする，注意されたときはすぐやめる，だんだん触ること自体をやめていく，の三つの約束をしました。意識して，少しずつ改善していこうとしています。

 POINT

動くことをまったく認めないのではなく，動ける機会をつくるなど指導の工夫をし，徐々に本人の自己理解を高め，自身をコントロールできるようにしていることを伝える。

子どもの様子
自分の思いで突発的に行動してしまう

［自分の気持ちに気付かせること］
✎ 腹が立ったときに何も言わないと，自分の気持ちを周りの人に理解してもらいにくいことを確認しました。時間と場所を変え，落ち着いてから振り返ると，自分が感じたことを言葉で伝えることができました。

［指示や順番を待つこと］
✎ 後の順番でも，場合によってはよいこともあることに気付き，1番へのこだわりは少し和らぎました。友達に丁寧な言い方で伝える，じゃんけんで負けたときはあきらめるなど，がんばっています。

 POINT

出来事を自分の受け取り方でとらえ，衝動的に行動したり，集団生活において待つことが苦手であることに対し，自己肯定感が低くならないよう支援していることを伝える。

特別な配慮を必要とする子ども

行動面の困難がある

子どもの様子
集団生活の中で衝動的な行動が多い

[突発的な行動]
- 相手にびっくりさせないよう一声かけてから行動しようと心がけています。声のかけ方も，一方的な言い方から徐々に相手の気持ちや都合を確かめるような言い方に変わってきています。

[危険を予測すること]
- ペアやグループで友達と力を合わせたり触れ合ったりする活動をたくさん行いました。友達と息を合わせて行うゲームで力加減を意識することができるようになりました。

 POINT

衝動的に行動してしまうがゆえに，危険と隣り合わせな状況がある。本人のやる気を認め，集団の中での行動の仕方を身に付けることができるよう指導し，評価する。

子どもの様子
場の雰囲気，状況を読み取ることが困難

[相手の話を聞くこと]
- 自分が伝えたい話に夢中になって，相手の話は聞き流してしまうことがあります。相手の話にも発見があり，何より聞かないと聞いてもらえなくなると知って，自分の行動を変えようと努力しています。

[思ったことをすぐ声に出してしまうこと]
- 友達の発言中に，話し始めてしまうことがありましたが，発言していた友達だけでなく，教室のみんながっかりした気持ちになっていることに気付くことができました。挙手して指名されるまで待つことを目標にがんばっています。

 POINT

本人にとっては理由あっての行動であり，またその行動が状況にそぐわなかったことが理解できていないので，本人の気持ちを受け止めた上で丁寧な指導を行っていることを記す。

対人面の困難がある

子どもの様子
友達とのコミュニケーションがむずかしく，トラブルになりがち

[一方的な会話]
✎ 友達との会話は，キャッチボールのように交替で話したり聞いたりすると自分も相手も楽しくなることをロールプレイで実感することができました。相手の話を聞く意識が出てきました。

[友達への注意の仕方]
✎ 正しいと思ったことを貫こうとします。時間をおき，気持ちが落ち着いてから一緒に言葉を探すと，わかってほしかったことを言葉にして伝えることができました。

 POINT
自分の話をすべて受け入れてほしい気持ちが強い。その反面，相手の話に興味を持つことができない傾向がある。相手に対する伝え方や受け入れ方に支援を要することを伝える。

子どもの様子
自分の気持ちを言えずに黙ってしまうことが多い

[あいさつの仕方]
✎ あいさつの前に相手の名前をつけて言うことを目標にしました。一人一人とあいさつを交わすことから，話が続いたり一緒に遊んだりすることにつながりました。日常的に友達と声をかけ合う姿が増えました。

[苦手な場面で話すこと]
✎ 困っている友達を気持ちよく助けてあげることができます。自分が困っているときに助けを求めることの大切さを確認すると，尋ねたり頼んだりできるようになりました。仲間と助け合うことができるようになりました。

 POINT
自分の気持ちを相手や周囲に正しく伝えることは，自分の心にとっても大切なことであることに気付かせ，言葉によって表現できるよう支援していることを記述する。

特別な配慮を必要とする子ども

対人面の困難がある

 子どもの様子
やり方や予定の変更を受け入れることがむずかしい

[気持ちや行動の切り替え]
- 夢中になると，次のことに移るのがむずかしくなりがちでした。あと何分でやめるか自分で決め，タイマーをセットする方法でスムーズに切り替えることができました。チャイムに合わせて切り替えることも増えてきました。

[状況に合わせた考えや行動]
- 自分の気持ちだけでなく，相手や周囲の状況も考えなければならないこと，思い通りにならないこともあることを丁寧に説明しました。落ち着いて話し合うと納得し受け入れることができました。

 POINT
落ち着いているときに，事前に話をして，受け入れの気持ちを準備することができるようにしたり対処方法を一緒に考えたりしていることを伝える。

 子どもの様子
休み時間などに友達と一緒に過ごすことができない

[遊びのルールの理解]
- ルールを知らないと遊ぶことに消極的になってしまう様子が見られました。いろいろな遊びを，ルールを確認して一緒にやりました。遊び方を知って自信がつき，休み時間に進んで友達と関われるようになりました。

[勝ち負けへのこだわり]
- 負けて，相手チームだけでなく自分のチームメイトや審判も責めてしまうことがありました。時間をおいて，それぞれの立場の気持ちを一緒に考え，次からは自分の行動を変えようと話しました。

 POINT
友達と一緒に遊びたいが，うまく遊ぶことができない。一緒に遊び，どのような場面で遊べなくなっているのかを見極め，支援方法を考えるようにしていることを記述する。

対人面の困難がある

【子どもの様子】
変化への対応がむずかしく，落ち着かない行動が表れる

[非常時に取るべき行動]

✎ 避難訓練で，非常時の行動について考えました。状況により臨機応変に対応しないと命に関わることもあると気付きました。訓練では，放送や指示を聞き，落ち着いて行動することができました。

[学級環境への適応]

✎ いろいろな友達と関わる機会が持てるよう，意図的にペア学習や当番活動を組みました。自分から声をかけていく姿が見られるようになり，休み時間も，リーダーシップを発揮して，みんなで楽しく遊んでいました。

 POINT

周囲が考えている以上に，ちょっとしたことで不安になっている。不安の表現の仕方が，乱暴な言葉遣いだったり不適切な行動だったりするので注意を要することを伝える。

【子どもの様子】
友達と一緒に行う活動でトラブルになりがち

[係や当番の仕事の手順]

✎ 係の仕事の手順をイラストで示したところ，確実に行うことができるようになりました。また，途中で自分の好きなことをしてしまうこともなくなりました。友達と一緒に楽しく仕事をやり遂げることができました。

[グループ学習への参加]

✎ 話合いでは，意見を出すだけでなく聞くことも大事だということを確認し，話合いのルールやステップを示しました。思い通りの結果にならなくとも，受け入れることができました。

 POINT

学級のルールを守って手順どおり，友達と一緒に，最後までやり遂げることができるよう支援する。友達からの信頼にも影響するので，できることが重要であることを伝える。

[特別な配慮を必要とする子ども]

通級指導や個別指導などを受けている

子どもの様子
障害の特性により何らかの苦手意識を持っている

[相手の気持ちの理解]

✎ 人によって好き嫌いやその程度はまったく異なるということを知りました。さらに、同じ出来事でも、相手が自分と同じ思いでいるとはかぎらないと気付くことができました。

[他者との折り合い]

✎ 学級会では、自分の考えに決まらないこともあること、多数決は多くの人の意見を反映させていること、決まったことにみんなで協力しなければならないことに気付きました。学級会に対する苦手意識が少し和らぎました。

 POINT

子どもが自分なりに自身を理解し、自分に合った解決法を身に付け、苦手な状況に主体的に対応しようとする気持ちを持つことができるような記述をする。

子どもの様子
少人数指導や個別指導などを受けている

[学習の定着]

✎ イメージを持ちにくい漢字を覚えるために、想像をふくらませて漢字に模様や絵を入れました。いいアイデアが思い浮かんだ漢字は記憶に残りました。覚える方法の一つとして習得できました。

[定規やコンパスの使い方]

✎ 片側からの目盛りだけがついている分度器を使いました。すっきりした目盛りで見やすく、正しく角の大きさ測ることができました。分度器の扱いに慣れたので、通常の分度器でも測ることができるようになりました。

 POINT

学級での個別の対応よりも、更に子どもの困り感に寄り添うことが可能になる。子どもが何につまずいているのかを見極め、スモールステップで支援していることを伝える。

第4章 子どもの状況別言葉かけ集

言葉かけの心得

子どもへの言葉かけはその子の成長を願い,よさを認め励ますようにします。

❶「よいところを見つけてほめる」ことを原則とします

がんばるぞという気持ちにさせるためには,その子どものよいところを見付けてほめることが大切です。できたことだけではなくがんばったこともほめることにより,次もがんばろうとする気持ちを育てていきましょう。

❷ 欠点を指摘するのではなく,努力の仕方を示します

欠点を指摘するだけでは,子どもはやる気をなくしてしまいます。どのように努力したらよいのかをわかりやすく伝え,さらにその子どもの成長に期待していることも伝えます。

❸ 子どもにどんな言葉をかけたらよいか日頃から考えておきす

子どものよさをほめるためには,子どもたちの日頃の生活をよく見ておき,よいことがあったらその場でほめるだけでなく,更に記録簿などに記録しておきます。その場の思いつきの言葉ではなかなか伝わらないものです。

❹ かける言葉の例をたくさん収集しておきます

子どもごとに言い分けるためには,日頃からたくさんの例を収集しておくしかありません。かける言葉の例は,学期の数からして,子どもの数の3倍以上が必要です。

❺ 子どもの見方を広げ,同じ言葉を何度もかけないようにします

同じ子どもにはいつも同じ言葉をかけてしまいがちですが,毎学期同じ言葉をかけていては子どものやる気はなかなか育ちません。教師が子どもを見る視点は偏りがちになってしまいますが,日頃から子どもの見方を意図的に広げ,同じ言葉を何度もかけないように心がけます。

❻ 教師の周りに子どもが近づきやすいような雰囲気をつくりましょう

教師が子どもたちに笑顔で接することで,子どもたちはよくわからないところや困ったときに教師に聞きに来るだけでなく,日常的に教師と話がしやすくなります。教師が意図的に話しやすい雰囲気をつくることで教師への信頼感も増し,子どもは自分から困ったことを伝えやすくなるでしょう。

子どもの状況別言葉かけ集

言葉かけの基本

●全員の前でかける言葉は，ほかの児童へのメッセージにもなります

　　児童を全員の前でほめるということは，担任として学級に期待することへの評価やメッセージになります。周囲で聞いている児童の様子もしっかり把握することが大切です。ほめるときは，学級全体の行動の変化をみていきましょう。

●ほめるときは具体的にほめましょう

　　ほめるときは子どもたちの行動を具体的にほめることが大切です。そして，「やさしいね」や「思いやりがあるね」という言葉を付け加えることで，その行動の意味を感じさせるようにしましょう。

●言葉をかけるときは，子どもの顔を見つめて話します

　　実際にはかけられた言葉よりも，そのときの笑顔や声のトーンなどの印象からほめられたことの実感が伝わるものです。そのため，子どもの顔をしっかり見ながらにこやかにほめることが大切です。

やる気を引き出す言葉かけの基本形

観　点	基本形	言葉かけの例
・認める ・ねぎらう	*よくがんばったね *夢中だったね *ごくろうさま	毎日，〜点検，よくがんばったね。 〜ができるように，夢中だったね。 〜のお世話，ごくろうさまでした。
・ほめる	*さすがだね *すばらしい *おめでとう	さすが○さん，大活躍でしたね。 〜をやりぬくとは，すばらしい。 〜大会入賞，おめでとう。
・励ます	*きっとできるよ *期待しているよ *〜なら大丈夫	この調子でやれば，きっとできるよ。 調子がでてきたね，期待しているよ。 ○さんなら大丈夫，やり続けよう。
・ヒントを 　与える	*〜してみよう *〜も役に立つよ	休み中，5冊は読書してみましょう。 原稿用紙に書き写すのも役立つよ。
・考えさせる	*以前と比べて *どちらが大事	以前よりドリルの時間は増えたかな。 時間は限られています。○さんには， ピアノと水泳どちらが大事かな。

● 学習の様子から

◎:成果が上がっている　◇:成果が不十分・下がっている

国語

◎ いつも先生や友達の話を，うなずきながら聞いている学習態度がとてもりっぱでした。この調子で来学期もがんばりましょう。

◎ 構成メモを生かして，段落に気を付けた作文を書くことができていますね。新しい作文を読むことを，いつも楽しみにしています。

◎ 日頃から読書に親しみ，本を読んだ後には自分の考えをきちんと発表できることがすばらしいです。これからもたくさん本を読んでください。

◎ いつも「とめ・はね・はらい」に気を付けて漢字の書き取りをしていますね。正しく身に付けた漢字の知識が，提出物やテストだけでなく，日常生活での手紙やメモなどにも発揮されていて，すばらしいです。

◇ 授業中，一所懸命話を聞いていて感心しています。もう一つお願いがあります。わかったときは先生を見てうなずいてください。更に授業がわかって，もっと楽しくなってくると思いますよ。

◇ ものごとをいつも深く考えていて素敵ですね。作文にはそのことがよく表れています。同じように授業中や話合いのときも，遠慮しないで挙手し，積極的に発言して，あなたの考えを聞かせてください。

◇ 辞書引き競争はおもしろかったですね。もっと早く辞書を引くコツは，ひらがな表の順番を覚えることですよ。ぜひ挑戦してみてください。

◇ 筆で字を書くことに興味を持って取り組んでいましたね。家でも新出漢字を筆で書くと楽しく覚えられますよ。試してみてください。

社会

◎ 事前学習をきちんと生かし，見学の際に町や働く人の様子の細部に注意を向けることができました。マナーを守った見学姿勢もりっぱでした。

◎ 地図やグラフ，写真などをもとに，いろいろなことを筋道立てて考えることができましたね。すばらしい構成力が生かされた発表でした。

◎ 見学の報告や新聞づくりのとき，友達と上手に話し合いながら考えをまとめることができました。協力を促す学習姿勢が大変りっぱでした。

◇ 見学のとき，いろいろなことに気が付いて楽しそうでしたね。気が付いたときにすぐにメモを書き留めるようにすると，後の話合いがもっと楽しくなりますよ。次の機会にチャレンジしてみてください。

◇ 調べ学習をよくがんばり，りっぱなレポートにまとめましたね。もう一点，いつもの町の様子と比べてあなたがどう思ったかを書き足すと，もっとすばらしいレポートになりますよ。来学期も期待しています。

◇ 地域活動にも気持ちよく参加していてりっぱです。ただ，社会科の基礎的な用語を覚えておかないと，話が通じにくいこともあり，せっかくの機会がもったいないです。場所や方角，交通，建物などを覚えましょう。

算数

◎ 毎日欠かさずに計算練習をがんばりましたね。家庭での復習を継続し，学習を確実に身に付ける姿勢を，これからも大切にしてください。

◎ 問題を読んだとき，既習事項をきちんと思い出して，解答を考える態度が，大変すばらしいです。学習したことが確実に身に付いていますね。

◎ 問題づくりがとても上手です。いつも頼もしく思っています。

◎ 復習しないと習ったことを忘れてしまう悔しさから，計算練習にまじめに取り組み，成果をあげましたね。これからも，家庭での復習や繰り返し練習を継続してください。来学期も期待しています。

◇ いつも考える力がすばらしいですね。ただ算数では，式と答え，単位を揃えないと，正解を導くことはできません。問題をよく読んで慎重に確かめましょう。あなたなら落ち着いて取り組めばできますよ。

◇ かけ算が速くなりましたね。一歩進めてわり算も得意にするためには，九九を９×９から逆さに，毎日声に出してできるだけ速く暗唱すると効果的です。ぜひ今日からチャレンジしてみましょう。

理科

◎ いつも観察や実験の準備や片付けにも気を付けて，活動していますね。その学習態度が大変りっぱで，成果にも表れています。

◎ 図書館の本やテレビ番組などから，たくさんの知識を吸収していますね。積極的に学び，知識を吸収する力がすばらしいです。

◎ 観察や実験の記録をきちんと取り，後で考えてレポートにまとめるときに役立てることができました。ふだんのノートの取り方もすばらしく，みんなのお手本にもなっています。

◇ 「実験したい！」という知的好奇心が大変すばらしいです。ただし，理科の知識は，正しい記録を取っておくと次の学習で比べるときにいろいろなことに気が付き発展していく面があります。確実な記録を取る工夫もしましょう。わからないときは聞きにきてください。

◇ 学習を正確に知識にしていますね。次のステップに進みましょう。学んだことが生活にどう役立っているのか，生きているのかを考えてみてください。○さんならきっと見付けることができますよ。

◇ 知識が豊かで素敵ですね。ぜひファーブル昆虫記や科学の本なども読んでみてください。○さんなら読みこなすことができると思います。好きなものがもっと増えて，勉強が更に楽しくなるでしょう。

音楽

◎ 曲の雰囲気を生かして歌うことができています。声ものびやかで，聞いていてとてもいい気持ちになります。

◎ 進んで楽器練習をし，きれいな音色で演奏できましたね。

◇ とても素敵な歌声です。学級活動や行事のときなど，ぜひ大きな声で歌ってください。好きな曲は演奏してあげます。来学期もあなたの元気な歌声を楽しみにしています。

◇ 楽器の演奏は楽しいですよね。友達も一緒だといろいろなことに気が付き，更に上達するでしょう。これからも休み時間や放課後なども使って，何回でも自由に練習してください。

図画工作

◎ 色や形の組み合わせを工夫して，使い方も考えながら根気よく作品をつくり上げる態度がすばらしいです。

◎ 友達の作品を見たりアドバイスを受けたりして，形や色のよさ，つくり方の工夫を自分の作品づくりに生かし，素敵な作品に仕上げましたね。

◇ 最後まで仕上げようとする気持ちが大切ですが，時間には限りがありま

す。ふだんから身の回りの物はなぜその形なのかな，なぜその色なのかな，などと考えながら見ていると，授業時間内にアイデアをまとめやすくなります。意識して取り組んでみてください。

◇イメージが豊かですばらしいですね。あなたのよさを作品にまとめるためにも，まずは「折る・切る・貼る・塗る」といった，基本的な技術を身に付けることも大切です。その上で，友達のやり方もよく見て，丁寧に作業してみてください。もっとよい作品に高められますよ。

体育

◎いろいろな運動に積極的にチャレンジし，うまくいくまで何度も練習する態度がすばらしいです。

◎友達と仲よく話し合ってルールをつくり，みんなが楽しく参加できるような工夫をしてくれていますね。その姿勢が大変りっぱです。

◇「ゲームは絶対負けないぞ」というファイトは大切ですが，自分だけでなく友達の安全にも気を付けてがんばりましょう。まず周りをよく見ること，次にルールを守ることが大切です。

◇いろいろな運動のルールをよく知り，知識として身に付けています。同じくらいに，健康や体の発達の話も大切です。しっかり聞いて，自分のこととして気を付けるようにしましょう。

外国語活動

◎大きな声でチャンツを暗唱しましたね。外国語は，まずは楽しく表現することが大切です。これからも大きな声を出し，楽しみながら取り組みましょう。

◎大文字や小文字を丁寧に書くことができましたね。文章を書いたり読んだりできるともっと楽しくなりますよ。読みやすい本や口ずさみやすい歌などから親しんでみましょうね。

◇自分から進んで発表することが，少し恥ずかしいようですね。けれど外国語は話していくことで上手になります。恥ずかしがることはありませんよ。照れないで，大きな声でチャレンジしていきましょう。

総合的な学習の時間

- ◎ 地域の方やはじめてお会いする方にも，大事なことをきちんと尋ねることができましたね。自分たちの考えをまとめる力も優れています。
- ◎ どのように調べるかといった学習の初期段階から友達と計画的に活動を進め，最後まで協力し合って発表することができました。協調して学習に取り組む姿勢が，大変りっぱでした。
- ◇ 調べたり考えたりする力が優れています。今学期の課題にはあまり興味がわかなかったようですが，自分の興味が向かないことであってもよい点を探したり，友達と協力したり，更には興味がある友達を応援することも大切な学習です。来学期は期待していますよ。
- ◇ 細かいことを調べたりまとめたりする基礎的な力が備わっています。教科書に書いてないようなお手本が見つかりにくい課題であっても，調べるためにはどうすればよいのかをよく考えて整理し，順序立てて活動したりまとめたりしてみましょう。○さんならきっとできますよ。

道徳

- ◎ 友達と仲よくするためにはどんなことに気を付けたらよいか，自分の考えをまとめて，はっきりと話すことができました。その意見がいつもの行動どおりでしたので，友達も納得していましたね。
- ◎ 遠足の山登りで頂上から見た景色を思い出して，自然のすばらしさを感じていました。これからも，美しいものを素直に感じるのびのびとした感性を大切にしていってください。
- ◇ ふだんからいろいろなことをよく考えていますね。道徳ノートに書くときに戸惑いがあってなかなか書けないことがあるようですが，短い言葉でもよいのですよ。来学期は，自分の考えを書けるよう，挑戦してみましょう。

子どもの状況別言葉かけ集

● 行動の様子から

◎：成果が上がっている　◇：成果が不十分・下がっている

基本的な生活習慣

◎ だれにでも笑顔であいさつをしている姿は，下級生にもよいお手本となっています。その心がけと笑顔を，いつまでも大切にしてください。

◎ いつも冷静に，大事なことを落とさず話を聞いていることに感心します。その習慣を大切にしてください。

◇ いろいろなことに気が付いてトライするのはとてもよいことですが，一つのことを最後まで仕上げることも大切です。トライの前に何に取り組むべきかを考えてみるようにしましょう。

◇ なにごとにも進んで取り組む姿勢は大変りっぱです。ただし，集団生活上，順番やルールをきちんと守ることはとても大切なことです。順番やルールのことも考えて行動することを期待します。

◇ 最後までやり抜く姿勢がすばらしいです。でも時間は止まってくれません。チャイムの合図や提出期限を守ることにも気を付けてがんばりましょう。

健康・体力の向上

◎ 遊んだ後，友達と誘い合って，うがいや手洗いをきちんとする習慣がありますね。健康を大切にする態度がりっぱです。

◎ 練習が実を結びドッジボールが上達しました。体を動かすことは体力の向上にもつながります。これからも積極的に取り組んでいきましょう。

◇ 苦手な一輪車を熱心に練習しました。運動はまず体を動かして気持ちいいと感じることが大切です。今後も楽しんで取り組んでいきましょう。

自主・自律

◎ みんなと相談しながら，休み時間や放課後の時間を上手に使って発表準備を進めていました。すばらしいです。

◇ 言われたことをすぐ理解して実行できる力がすばらしいです。判断力は確かですから，自信を持ってください。行動したほうがよいと思うことは自分から積極的に実行してみましょう。

◇ なにごとも始めたら夢中でがんばる姿が素敵です。でも，忘れ物をするとやる気をなくしてもったいないですね。寝る前に翌日の学習準備をしましょう。

責任感

◎ 日直のごみ捨てでは，分別を確認して捨てに行くなど，どんなこともきちんと行う態度は大変りっぱです。

◇ 班長としていろいろな考えを伝え，頼りにされています。ただし，実行するときは一番大変な役を班長が引き受ける覚悟も必要です。

◇ 友達の頼みを笑顔で引き受けるところは，大きな魅力です。ただし，先に引き受けたことを終わらせてから次に取り組まないと，親切のつもりが迷惑になってしまうこともあります。よく考えてから引き受けましょう。

創意工夫

◎ グループ発表のとき，聞く人にアピールしようと，資料づくりと発表の工夫をして成功させましたね。

◇ ことわざをたくさん知っていて素敵ですね。生活目標や学習と関係のあることわざをみんなにも紹介してくれませんか。

◇ よく本を読んでいますね。図書係は本の整理と貸し出しだけでなく，みんなに本を好きになってもらうことも仕事です。本の紹介などを工夫してみませんか。

思いやり・協力

◎ 鉄棒で逆上がりの練習をしている友達を励ましていましたね。友達が成功したとき，心から嬉しそうでした。

◎ スピーチで緊張して話す内容を忘れてしまった友達に，やさしく質問をして思い出させてあげていました。思いやりを行動に移せることが，すばらしいです。

◇ 自分の考えを話す力がすばらしく，話合いをリードしました。ただし話合いでは，メンバーのペースに気を配るともっとよいでしょう。例えばゆっくり話す人を待たずに発言すると，その人は話しづらくなってしまいます。待つことも大きな助けです。

◇ 班活動では頼りになるリーダーです。話合いどおりにできない人がいると怒りたくもなりますが，もう一息我慢してみませんか。

生命尊重・自然愛護

◎ 学級園の水やりのとき，乾いていた1年生のアサガオにもそっと水をかけていましたね。自ら気付いて行動する姿勢がりっぱでした。

◇ 休み時間にみんなを誘って遊ぶ姿は素敵です。でも，植物係なのに，花壇の水やりを人任せにしたのは感心しません。植物を育てることもあなたの大事な仕事です。

勤労・奉仕

◎ 運動会前の石拾いで拾い残した石を，休み時間に拾っていましたね。ダンスで裸足になる低学年の子どもたちが痛いだろうと心配していたと聞きました。低学年の子どもたちも担任も，感心し感謝していましたよ。

◇ 昆虫の名前をよく知っていて感心します。でも，草取りの時間に，作業の手を止めて虫探しに夢中になるのはいけません。「いま何をするべきか」を考えて作業に取り組みましょう。

公正・公平

◎ 困った顔を表に出さず，けんかをしている両方の話をよく聞いて，自分の考えを話す態度は大変りっぱです。

◇ いつも四人組で楽しそうですね。でも，もめたときにほかの友達の話をよく聞かないことはよくありません。言いにくいことを伝えることも，友達を大事にすることですよ。

公共心・公徳心

◎ 一輪車や竹馬を使った後，必ず元どおりに後片付けをしていますね。次の人のことを考える態度は大変りっぱです。

◇ 興味を持ってどんなことにも挑戦する姿勢は大変りっぱです。でも，わかった途端に後片付けをしないでいなくなるのは困ります。次の人のことも考えた行動を取るようにしましょう。

INDEX 所見文例索引

学習について

学習成果

学習成果が十分上がっている

	ページ
学習成果も学習態度も良好な子	30
学習に意欲的に参加している子	30
自ら進んで調べようとする子	31
学習成果は上がっているが，学力に自信のない子	31
意欲的だが人の話を聞かない子	32
応用力を伸ばすことで学力向上が期待できる子	32
知識は豊富だが，生活体験の幅が狭い子	33
知的に優れているが，力を出しきらない子	33

おおむね学習成果が上がっている

努力の積み重ねにより学習成果が上がっている子	34
体験的な学習に意欲的に取り組んでいる子	34
予習・復習の習慣があり，学習準備もできている子	35
やればできるのに意欲が続かない子	35
理解は早いが，知識が定着しない子	36
学習方法やスキルが定着していない子	36
現状の自分に満足している子	37
基礎・基本の力があり，能力以上の目標設定をしない子	37

学習成果が不十分

努力に見合った学習効果が上がっていない子	38
自分のよさに気付いていない子	38
集中が続かず，思うように理解が進まない子	39
学習作業に時間がかかる子	39
理解するまでに時間がかかり，自信を失っている子	40
効率的な学習方法が身に付いていない子	40
友達や教師の考えを無批判に受け入れる子	41
テストの結果に自己肯定感が大きく左右される子	41

学習成果に偏りやむらがある

不得意な教科を克服しようと努力している子	42
得意教科と不得意教科の差が大きい子	42
運動への苦手意識を払拭しようと努力している子	43
得意教科でしか努力しようとしない子	43

所見文例索引

学習成果が上がった／下がった

どの教科においても，大きく成長した子	44
飛躍的に成長した教科がある子	44
全体的に成績が下がった子	45
成績が下がった教科がある子	45

学習への取組み方

意欲・積極性

好奇心・探究心が旺盛な子	46
不得意な教科にも学習意欲が湧いてきた子	46
授業にまじめに参加している子	47
やればできるのに，意欲が続かない子	47
まじめに努力するが，自信がないように見える子	48
授業の内容がわかっていても，なかなか発言しない子	48
積極的に挙手するが，発言の内容に深まりがない子	49
他人を否定する発言を繰り返す子	49

集中力・根気強さ

常に集中して学習に取り組んでいる子	50
むずかしい課題にも粘り強く取り組む子	50
根気を必要とする作業にも粘り強く取り組む子	51
授業以外のことに興味・関心が移りがちな子	51
困難にぶつかると，あきらめがちな子	52
不注意によるミスが目立つ子	52
じっくりと考えるのが苦手な子	53
授業中に離席してしまう子	53

自主性・主体性・計画性

めあてに向かって学習に取り組んでいる子	54
宿題や学習準備を忘れずにできる子	54
学習準備や後片付けに計画的に取り組んでいる子	55
見通しを持って学習することが苦手な子	55
自分の考えに自信が持てない子	56
指示がないと，行動できない子	56
宿題や学習準備が疎かになりがちな子	57
学習の準備・後片付けが不得手な子	57

創意工夫

創意工夫が学習成果に表れている子	58
改善のための努力を積み重ねている子	58
学んだことをほかの場面や生活に生かそうとする子	59
創意工夫で困難を乗り越えようとする子	59
発想が豊かな子	60
同じ間違いを繰り返す傾向がある子	60
ものごとに柔軟な発想で向き合うことに不慣れな子	61
模倣が多く，自分らしさを発揮できていない子	61

協調性

人の話を最後まできちんと聞く子	62
友達と協調的に関わりながら学習している子	62
外部の人とも憶せずコミュニケーションできる子	63
前向きな言動で，学級全体に好影響を与えている子	63
周りが見えなくなることがある子	64
グループ学習にとけ込もうとしない子	64
自己中心的な行動をとることがある子	65
コミュニケーションが苦手な子	65

考え方や情緒面での課題

注意が散漫になりがちな子	66
授業中の態度や気分にむらがある子	66
現状に満足し，新たな課題に挑もうとしない子	67
自分を甘やかしてしまう子	67
自信がなく，引っ込み思案な子	68
テストの点数によって学習意欲が大きく左右される子	68
人の失敗をなかなか許せない子	69
自分の失敗をなかなか認められない子	69

観点別にみた学力の特徴

知識・技能

計算力や記憶力に優れている子	70
パソコンやインターネットなどの操作が得意な子	70
実験・観察の技能に優れている子	71
辞書・事典など資料活用の技能に優れている子	71
覚えることが得意な子	72
努力家で豊富な知識を身に付けている子	72

所見文例索引

基礎的な学習や練習が不足している子	73
基礎・基本に課題がある子	73

思考・判断・表現

知識は豊富だが思考力・表現力に欠ける子	74
学習課題や疑問を発見することが得意な子	74
課題解決的な学習が得意な子	75
身近な事象と結び付けながら学習している子	75
分析して自分の考えをまとめることが得意な子	76
批判的思考をもとに表現することができる子	76
豊かな発想をもとに表現することができる子	77
原理や法則性を理解し表現に生かしている子	77
原理や法則性をとらえることが苦手な子	78
学習課題や疑問を見出すことが苦手な子	78

主体的に学習に取り組む態度

パソコンやインターネットを活用して表現しようとする子	79
ノートを見やすくまとめようとする子	79
発表に向けて主体的に取り組もうとする子	80
人前での発表に積極的に取り組めない子	80
作業によって取り組む態度に差がある子	81
自主的に学びを深めようとする子	81
際立った才能を発揮し周囲の手本となっている子	82
ドリル学習に着実に取り組んでいる子	82
学習の振り返りをしようとしない子	83
見通しを持って作業しようとしない子	83

学習習慣・家庭環境・その他

学習習慣

予習・復習にしっかり取り組める子	84
家庭学習の内容が充実している子	84
学習整理がきちんとできる子	85
よく読書している子	85
宿題や学習準備がなかなかできない子	86
予習・復習への意欲が低い子	86
予習・復習をなかなかしない子	87
家庭学習や読書の習慣が身に付いていない子	87

家庭環境

学習面からみて家庭環境に恵まれている子	88
保護者の関心が高く，自身もがんばっている子	88
萎縮している子	89
なかなか自立ができない子	89
家庭環境が整っていない場合	90
保護者の関心が低い場合	90
保護者が子どもの課題に気付いていない場合	91
保護者が自信を持てていない場合	91

その他

欠席が少なく元気に登校できる子	92
転入してきた子	92
転校する子	93
新学年に向けて励ましたい場合	93
不登校傾向の子	94
塾や習い事のマイナス面が気になる子	94

科目別

国語	96
社会	98
算数	100
理科	102
音楽	104
図画工作	105
体育	106
外国語活動	107
総合的な学習の時間	111
特別の教科　道徳	119
特別活動	164

行動について

基本的な生活習慣

あいさつや適切な言葉遣いができる子	124
整理整とんができる子	124
時間や安全への意識が高い子	125
時間や安全への意識が低い子	125

所見文例索引

学習の準備・後片付けを進んでやる子	126
不規則な生活を送り，集中力にむらのある子	126
忘れ物や落とし物が多い子	127
欲求に忠実で，落ち着きがない子	127

健康・体力の向上

いつも元気で明るい子	128
風邪を引きやすく，休みがちの子	128
進んで運動している子	129
運動が苦手で，室内で遊ぶのが好きな子	129
心身ともにたくましさを身に付けている子	130
食べ物の好き嫌いが多い子	130
健康に気を付け，病気やけがをしない子	131
けがの多い子	131

自主・自律

自分から発言することをためらう子	132
目標を持たず，学習習慣が身に付いていない子	132
依頼心が強く，自分から行動しない子	133
自分なりの考えを持ち，計画的に実行する子	133
最後までやりとおす意欲を持っている子	134
思慮深く行動する子	134
その場の雰囲気に左右されやすい子	135
なにごとにも一所懸命に取り組む子	135

責任感

係・当番の仕事を着実に果たせる子	136
リーダーとして責任ある活動ができる子	136
積極的に参加し，実行力のある子	137
自分の役割を責任を持ってやりぬく子	137
周りが気になり，自分の仕事に集中できない子	138
失敗を他人のせいにしてしまう子	138
一人ではなかなか取りかからない子	139
決まったことをよく忘れる子	139

創意工夫

課題意識を持って積極的に調べようとする子	140
発想が柔軟で多面的に考えることができる子	140
困難に立ち向かい，新しい発想で解決しようとする子	141

当番・係の仕事で，自分なりの工夫をする子	141
好奇心に欠け，新しい場面での取組みが消極的な子	142
自分で課題を見付けたり，探究したりすることが苦手な子	142
発想を転換したり多面的に考察したりすることが苦手な子	143
自分のよさを見出せず，自分らしさを発揮できない子	143

思いやり・協力

相手の立場に立って考え，相手の気持ちを大切にできる子	144
男女の別なく協力し合える子	144
感謝の気持ちを率先して表すことができる子	145
実行力はあるが，自己中心的な行動に走りがちな子	145
係や当番活動などで思いやりや協調性を発揮した子	146
広い心を持ちあたたかみを感じさせる子	146
話合いで建設的な発言をする子	147
言葉で人を傷つける子	147

生命尊重・自然愛護

動植物が好きで，進んで世話をする子	148
動植物に関心を持ち，進んで調べようとする子	148
小さな生き物や植物の世話を忘れがちになる子	149
お年寄りや障害を持った方にあたたかく接する子	149
命の尊さへの気付きが未熟な子	150
自然の変化を豊かに感じ取れる子	150

勤労・奉仕

意欲的に働く姿が学級の手本となっている子	151
掃除などの当番活動を好まない子	151
学級や友達などのために主体的に行動する子	152
何かをしてもらうことが当たり前になっている子	152
ボランティア活動に意欲的に取り組む子	153
ボランティア活動への関心が高まった子	153

公正・公平

周囲に流されず，自分で判断して正しい行動ができる子	154
周囲の意見や行動に流されがちな子	154
自分の好き嫌いにとらわれず，誰とも公平に接する子	155
自分の好き嫌いで行動してしまう子	155
正しいことの基準を自分でしっかり持ち，行動できる子	156
公平な態度がみんなの手本となる子	156

所見文例索引

公共心・公徳心
みんなで使うものを大切に扱える子	157
みんなで使うものの扱いがぞんざいになる子	157
クラスや学校のことを考えて行動する子	158
公共心・公徳心が未熟な子	158
公共のマナーをよく守って行動する子	159
公共のマナーを軽んじてしまいがちな子	159

その他
登校を渋ったり休んだりしがちな子	160
ごまかすことがある子	160
作業や行動が遅くなりがちな子	161
作業の丁寧さや慎重さに欠ける子	161
力があるのに消極的になりがちな子	162
学習用具や宿題を忘れることが多い子	162
友達とトラブルになりやすい子	163
同年齢の集団に馴染めず,大人との関わりを求める子	163

特別な配慮を必要とする子どもについて

学習面の困難がある
話を聞いて考え理解する学習が苦手	172
言葉によるコミュニケーションが苦手	172
音読に時間がかかり,読むことに関して消極的	173
学習の場面でなかなか書き進められない	173
練習を重ねても文字の読み書きの習得が困難	174
形をとらえることがむずかしい	174
計算の仕方がなかなか定着しない	175
因果関係を理解することが苦手	175
指先を使った作業が苦手	176
運動が苦手で,外遊びにも消極的になりがち	176
気になることがあると,注意がそれてしまう	177
調べたりまとめたりすることが困難	177

行動面の困難がある
整理整とんが苦手で忘れ物が多い	178
注意がそれやすく一斉指示に従った行動が苦手	178
離席してしまうなどじっとしていることが苦手	179

自分の思いで突発的に行動してしまう	179
集団生活の中で衝動的な行動が多い	180
場の雰囲気，状況を読み取ることが困難	180

対人面の困難がある

友達とのコミュニケーションがむずかしく，トラブルになりがち	181
自分の気持ちを言えずに黙ってしまうことが多い	181
やり方や予定の変更を受け入れることがむずかしい	182
休み時間などに友達と一緒に過ごすことができない	182
変化への対応がむずかしく，落ち着かない行動が表れる	183
友達と一緒に行う活動でトラブルになりがち	183

通級指導や個別指導などを受けている

障害の特性により何らかの苦手意識を持っている	184
少人数指導や個別指導などを受けている	184

■**執筆者一覧**（原稿順，所属は 2019 年 4 月現在）

石田　恒好	文教大学学園長	p.9, 12, 15	
石田　玲子	元・箱根町立箱根の森小学校校長	p.10-11, 13-14, 16-19	
勝亦　章行	前・練馬区立関中学校校長	p.20-23	
神山　直子	東京純心大学現代文化学部こども文化学科講師	p.29-69	
針谷　玲子	台東区立蔵前小学校校長	p.70-83, 185-194	
濱松　章洋	調布市立深大寺小学校校長	p.84-94, 111-117	
松本絵美子	文京区立窪町小学校校長	p.96-110	
大場　一輝	三鷹市立中原小学校校長	p.123-147	
齋藤　瑞穂	杉並区立杉並第七小学校校長	p.148-169	
後藤　欣子	調布市立飛田給小学校主任教諭	p.171-184	

※ p.121-122 の内容（道徳の文例）は，以下書籍の一部を再構成して掲載しました。
石田恒好・押谷由夫・柳沼良太・長谷徹・谷合明雄 編著（2019）
『道徳の評価　通信簿と指導要録の記入文例　小学校 中学校』図書文化

■編著者
石田　恒好　　文教大学学園長
山中ともえ　　調布市立飛田給小学校校長

資質・能力を育てる
通信簿の文例＆言葉かけ集
小学校中学年

2019年7月10日　初版第1刷発行［検印省略］
2021年11月10日　初版第2刷発行

編著者　Ⓒ石田恒好・山中ともえ
発行人　福富　泉
発行所　株式会社　図書文化社
　　　　〒112-0012　東京都文京区大塚1-4-15
　　　　Tel: 03-3943-2511　Fax: 03-3943-2519
　　　　http://www.toshobunka.co.jp/
本文・カバーデザイン　中濱健治
カバーイラスト　　　　ヤマネアヤ
印　刷　株式会社　厚徳社
製　本　株式会社　駒崎製本所

ⒸISHIDA Tsuneyoshi, YAMANAKA Tomoe　2019　Printed in Japan
ISBN　978-4-8100-9729-0　C3337
JCOPY ＜出版者著作権管理機構　委託出版物＞
本書の無断複写は著作権法上での例外を除き禁じられています。
複写される場合は，そのつど事前に，出版者著作権管理機構
（電話 03-5244-5088，FAX 03-5244-5089，e-mail:info@jcopy.or.jp）
の許諾を得てください。
乱丁・落丁本はお取り替えいたします。
定価はカバーに表示してあります。

図書文化の道徳教育

書籍

「考え，議論する道徳」を実現する！
主体的・対話的で深い学びの視点から

「考え，議論する道徳」を実現する会 著　A5判 192頁　●本体2,000円＋税

道徳教育改革のキーパーソン16名が集結。新教科「道徳」の理念と指導の骨子を解説します。

新教科・道徳はこうしたら面白い
道徳科を充実させる具体的提案と授業の実際

押谷由夫・諸富祥彦・柳沼良太 編集　A5判 248頁　●本体2,400円＋税

子どもたちが真剣に考える道徳授業をつくるには。これからの道徳授業のあるべき姿を提案します。

「現代的な課題」に取り組む道徳授業
価値判断力・意思決定力を育成する社会科とのコラボレーション

柳沼良太・梅澤真一・山田誠 編　A5判 208頁　●本体2,400円＋税

心情の読み取りではない道徳授業へ。
多様な社会問題を取り上げた道徳実践事例を14本、
社会的問題への価値判断力の育成に取り組んできた社会科の実践事例を7本紹介します。

子どもが考え，議論する 問題解決型の
道徳授業事例集　小学校／中学校（2分冊）
問題解決的な学習と体験的な学習を活用した道徳科の指導方法

柳沼良太 編著　B5判　小●本体2,600円＋税　中●本体2,400円＋税

アクティブ・ラーニング型道徳授業づくりの考え方と具体の授業実践事例。

定番教材でできる 問題解決的な道徳授業　小学校

柳沼良太・山田誠・星直樹 編著　A5判 176頁　●本体2,000円＋税

副読本でおなじみの定番資料。教科化で授業はどう変わるのか。各時間のワークシート付き。

DVD（映像）

子どもが考え，議論する 問題解決的な学習で創る道徳授業　小学校

柳沼良太 監修　毎日映画社 企画制作　DVD 2枚組（PDF指導案付）　●本体20,000円＋税

現役カリスマ教諭によるアクティブ・ラーニング型の道徳授業を，映像で！各ディスクに，「授業のポイントチェックと振り返り」「今すぐ使える！授業案PDF」を収録。

〈収録授業〉
幸阪創平（杉並区立浜田山小学校教諭）「かぼちゃのつる」（小学校1年生）
星　直樹（早稲田実業学校初等科教諭）「三つの声」（小学校3年生）
山田　誠（筑波大学附属小学校教諭）「いじめについて考える」（小学校5年生）

図書文化

※本体価格には別途消費税がかかります

シリーズ 教室で行う特別支援教育

個に応じた支援が必要な子どもたちの成長をたすけ，学校生活を楽しくする方法。
しかも，周りの子どもたちの学校生活も豊かになる方法。
シリーズ「**教室で行う特別支援教育**」は，そんな特別支援教育を提案していきます。

ここがポイント学級担任の特別支援教育

通常学級での特別支援教育では，個別指導と一斉指導の両立が難しい。担任にできる学級経営の工夫と，学校体制の充実について述べる。

河村茂雄 編著
B5判　本体2,200円

応用行動分析で特別支援教育が変わる

子どもの問題行動を減らすにはどうしたらよいか。一人一人の実態から具体的対応策をみつけるための方程式。学校現場に最適な支援の枠組み。

山本淳一・池田聡子 著
B5判　本体2,400円

教室でできる 特別支援教育のアイデア

通常学級の中でできるLD, ADHD, 高機能自閉症などをもつ子どもへの支援。知りたい情報がすぐ手に取れ，イラストで支援の方法が一目で分かる。

月森久江 編集
B5判　本体各2,400円

教室でできる 特別支援教育のアイデア

中学校編では，授業でできる指導の工夫を教科別に収録。中学校・高等学校編では，より大人に近づいた生徒のために，就職や進学に役立つ支援を充実させました。

月森久江 編集
B5判　本体各2,600円

通級指導教室と特別支援教室の指導のアイデア 小学校編

子どものつまずきに応じた学習指導と自立活動のアイデア。アセスメントと指導がセットだから，子どものどこを見て，何をすればよいか分かりやすい。

月森久江 編著
B5判　本体2,400円

遊び活用型読み書き支援プログラム

ひらがな，漢字，説明文や物語文の読解まで，読み書きの基礎を網羅。楽しく集団で学習できる45の指導案。100枚以上の教材と学習支援ソフトがダウンロード可能。

小池敏英・雲井未歓 編著
B5判　本体2,800円

人気の「ビジョントレーニング」関連書

学習や運動に困難を抱える子の個別指導に
学ぶことが大好きになるビジョントレーニング
北出勝也 著
Part 1　B5判　本体2,400円
Part 2　B5判　本体2,400円

クラスみんなで行うためのノウハウと実践例
クラスで楽しくビジョントレーニング
北出勝也 編著　B5判　本体2,200円

K-ABCによる認知処理様式を生かした指導方略

長所活用型指導で子どもが変わる
藤田和弘 ほか編著
正編　特別支援学級・特別支援学校用　B5判　本体2,500円
Part 2　小学校 個別指導用　B5判　本体2,200円
Part 3　小学校中学年以上・中学校用　B5判　本体2,400円
Part 4　幼稚園・保育園・こども園用　B5判　本体2,400円
Part 5　思春期・青年期用　B5判　本体2,800円

図書文化

※本体価格には別途消費税がかかります

授業・学級づくりの本

●授業づくり

最新 教えて考えさせる授業 小学校
市川伸一・植阪友理 編著　B5判 本体 **2,500**円＋税

問いを創る授業 ―子どものつぶやきから始める主体的で深い学び―
鹿嶋真弓・石黒康夫 編著　B5判 本体 **2,400**円＋税

授業で使える！ **論理的思考力・表現力を育てる 三角ロジック**
鶴田清司 著　A5判 本体 **1,800**円＋税

●学級づくり

学級集団づくりのゼロ段階　河村茂雄 著　A5判 本体 **1,400**円＋税

学級リーダー育成のゼロ段階　河村茂雄 著　A5判 本体 **1,400**円＋税

ゆるみを突破！ 学級集団づくりエクササイズ 小学校
河村茂雄・武蔵由佳 編著　B5判 本体 **2,400**円＋税

100円グッズで学級づくり ―人間関係力を育てるゲーム50―
土田雄一 編著　A5判 本体 **1,400**円＋税

今日から始める **学級担任のためのアドラー心理学**
会沢信彦・岩井俊憲 編著　四六判 本体 **1,800**円＋税

エンカウンターで学級が変わる **ショートエクササイズ集**
國分康孝 監修　B5判 本体 **2,500**円＋税

●その他

とじ込み式 **自己表現ワークシート**
諸富祥彦 監修　大竹直子 著　B5判 本体 **2,200**円＋税

図とイラストですぐわかる
教師が使えるカウンセリングテクニック80
諸富祥彦 著　四六判 本体 **1,800**円＋税

小学生のスタディスキル
安藤壽子 編著　冢田三枝子・伴英子 著　B5判 本体 **2,200**円＋税

図書文化